D1778039

- HERGÉ -

EACHTRAÍ TINTIN

AN tOILEÁN DUBH

GABRIEL ROSENSTOCK
A CHUIR I nGAEILGE

DALENéireann

daleneireann.com

Tintin timpeall an Domhain

Afracáinis Human & Rousseau
Airméinis Éditions Sigest
Araibis Elias Modern Publishing House
Asaimis Chhaya Prakashani
Beangáilis Ananda Publishers
Béarla Egmont UK
Béarla (SAM) Little, Brown & Co (Hachette Books)
Béarla na hAlban Dalen Scot
Breatnais Dalen (Llyfrau)
Catalóinis Juventud
Cóiréis Sol Publishing
Coirnis Dalen Kernow
Críól Caraïbeeditions
Críól (Réunion) Epsilon Éditions
Cróitis Algoritam
Danmhairgis Cobolt
Dúitsis Casterman
Eastóinis Tänapäev
Fionlainnis Otava
Fraincis Casterman
Gaeilge Dalen Éireann
Gaeilge na hAlban Dalen Alba
Gearmáinis Carlsen Verlag
Gréigis Mamouthcomix

Hiondúis Om Books
Indinéisis PT Gramedia Pustaka Utama
Iodáilis RCS Libri
Ioruais Egmont Serieforlaget
Íoslainnis Forlagið
Laitvis Zvaigzne ABC
Liotuáinis Alma Littera
Polainnis Egmont Polska
Portaingéilis Edições ASA
Portaingéilis (An Bhrasaíl) Companhia das Letras
Rómáinis Editura M.M. Europe
Rúisis Atticus Publishers
Seapáinis Fukuinkan Shoten Publishers
Seicis Albatros
Seirbis Media II D.O.O.
Sínis (Casta) (Hong Cong) The Commercial Press
Sínis (Casta) (An Téaváin) Commonwealth Magazines
Sínis (Simplithe) China Children's Press & Publication Group
Slóivéinis Učila International
Spáinnis Juventud
Sualainnis Bonnier Carlsen
Téalainnis Nation Egmont Edutainment
Tuircis Inkilâp Kitabevi
Ungáiris Egmont Hungary

L'Ile Noire
© Cóipcheart san Ealaín ag Casterman 1956
© Téacs Gaeilge ag Dalen (Llyfrau) Cyf 2017
ISBN 978-1-906587-82-6

Gach ceart ar cosaint. Tá ábhar an leabhair seo faoi chosaint de réir Dlíthe agus Conarthaí Cóipchirt idirnáisiúnta agus náisiúnta. Tá cosc ar an ábhar sin a athchló nó a úsáid gan chead. Ní ceadmhach aon chuid den leabhar seo a atáirgeadh ná a tharchur ar mhodh ar bith, leictreonach ná meicniúil, lena n-áirítear fótachóipeáil, taifeadadh ná trí aon chóras stórála nó aisghabhála faisnéise gan cead sainráite i scríbhinn.

Arna fhoilsiú de bhun comhaontú le Éditions Casterman
An chéad fhoilsiú 2017, Dalen Éireann, An Cladach, Clais Mhór, Eochaill, Co. Chorcaí, P36 AP22
Dalen (Llyfrau) Cyf, Glandŵr, Tresaith, Ceredigion SA43 2JH, An Bhreatain Bheag
Aistritheoir: Gabriel Rosenstock
Arna fhoilsiú le cabhair ón gComhairle Ealaíon

Arna chlóbhualadh sa Pholainn ag Pozkal

AN tOILEÁN DUBH

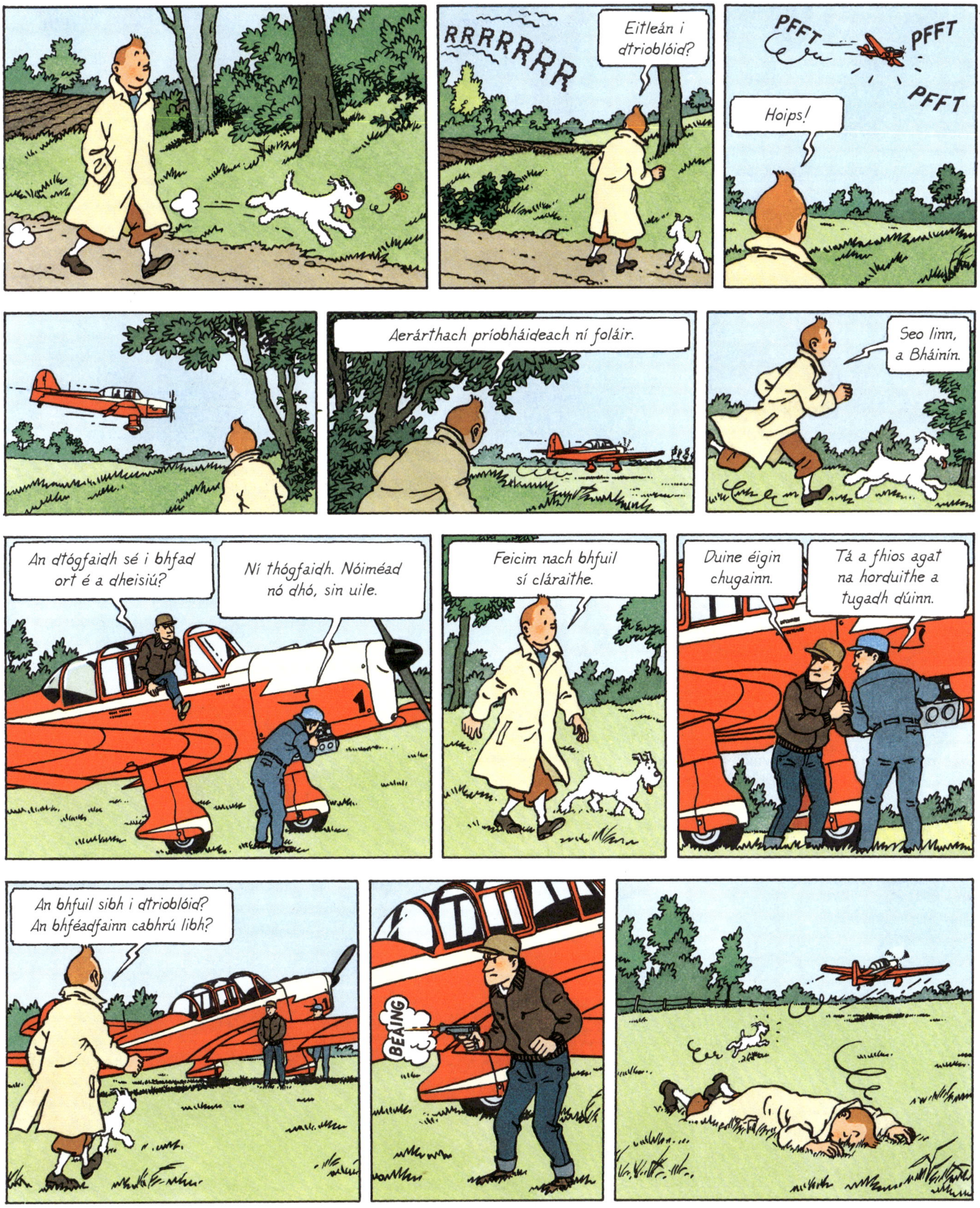

RRRRRRRR
Eitleán i dtrioblóid?
PFFT
PFFT
PFFT
Hoips!
Aerárthach príobháideach ní foláir.
Seo linn, a Bháinín.
An dtógfaidh sé i bhfad ort é a dheisiú?
Ní thógfaidh. Nóiméad nó dhó, sin uile.
Feicim nach bhfuil sí cláraithe.
Duine éigin chugainn.
Tá a fhios agat na horduithe a tugadh dúinn.
An bhfuil sibh i dtrioblóid? An bhféadfainn cabhrú libh?
BEAING

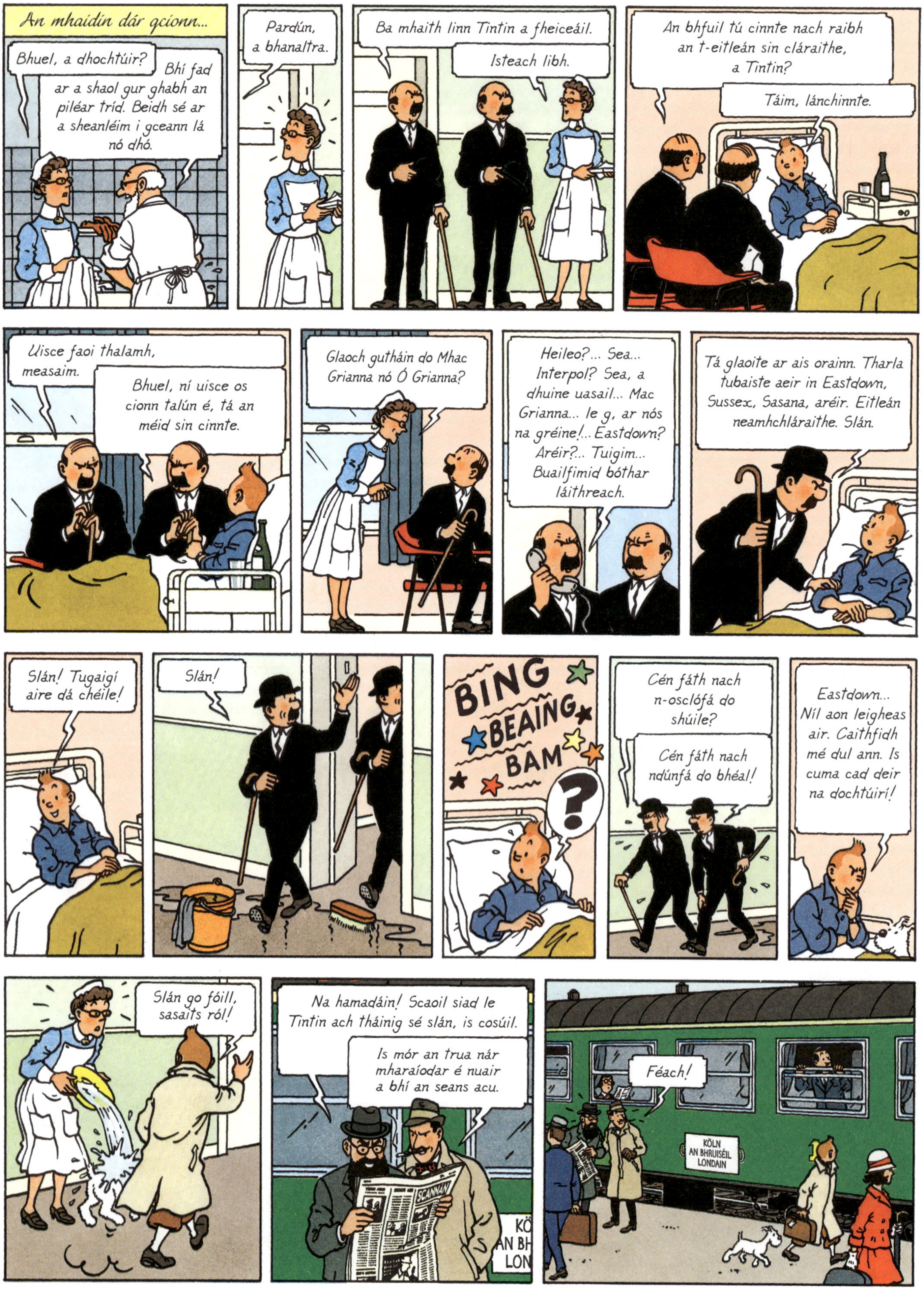

An mhaidin dár gcionn...
Bhuel, a dhochtúir?
Bhí fad ar a shaol gur ghabh an piléar tríd. Beidh sé ar a sheanléim i gceann lá nó dhó.
Pardún, a bhanaltra.
Ba mhaith linn Tintin a fheiceáil.
Isteach libh.
An bhfuil tú cinnte nach raibh an t-eitleán sin cláraithe, a Tintin?
Táim, lánchinnte.
Uisce faoi thalamh, measaim.
Bhuel, ní uisce os cionn talún é, tá an méid sin cinnte.
Glaoch gutháin do Mhac Grianna nó Ó Grianna?
Heileo?... Sea... Interpol? Sea, a dhuine uasail... Mac Grianna... le g, ar nós na gréine!... Eastdown? Aréir?... Tuigim... Buailfimid bóthar láithreach.
Tá glaoite ar ais orainn. Tharla tubaiste aeir in Eastdown, Sussex, Sasana, aréir. Eitleán neamhchláraithe. Slán.
Slán! Tugaigí aire dá chéile!
Slán!
BING BEAING BAM
?
Cén fáth nach n-osclófá do shúile?
Cén fáth nach ndúnfá do bhéal!
Eastdown... Níl aon leigheas air. Caithfidh mé dul ann. Is cuma cad deir na dochtúirí!
Slán go fóill, sasaits ról!
Na hamadáin! Scaoil siad le Tintin ach tháinig sé slán, is cosúil.
Is mór an trua nár mharaíodar é nuair a bhí an seans acu.
SCANNÁN
Féach!
KÖLN AN BHRUISÉIL LONDAIN

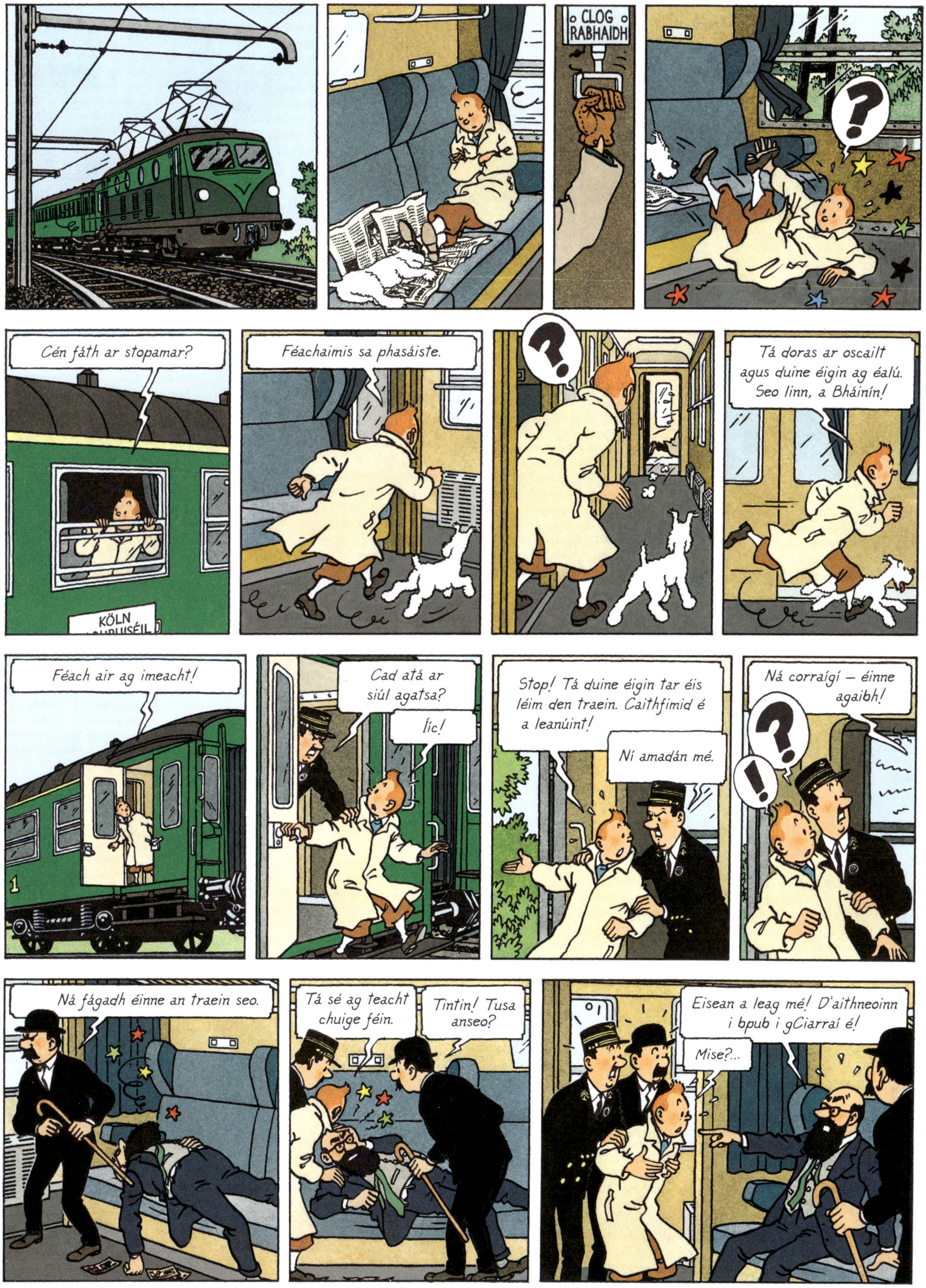
CLOG RABHAIDH
Cén fáth ar stopamar?
KÖLN
Féachaimis sa phasáiste.
Tá doras ar oscailt agus duine éigin ag éalú. Seo linn, a Bháinín!
Féach air ag imeacht!
Cad atá ar siúl agatsa?
Íic!
Stop! Tá duine éigin tar éis léim den traein. Caithfimid é a leanúint!
Ní amadán mé.
Ná corraígí – éinne agaibh!
Ná fágadh éinne an traein seo.
Tá sé ag teacht chuige féin.
Tintin! Tusa anseo?
Eisean a leag mé! D'aithneoinn i bpub i gCiarraí é!
Mise?...

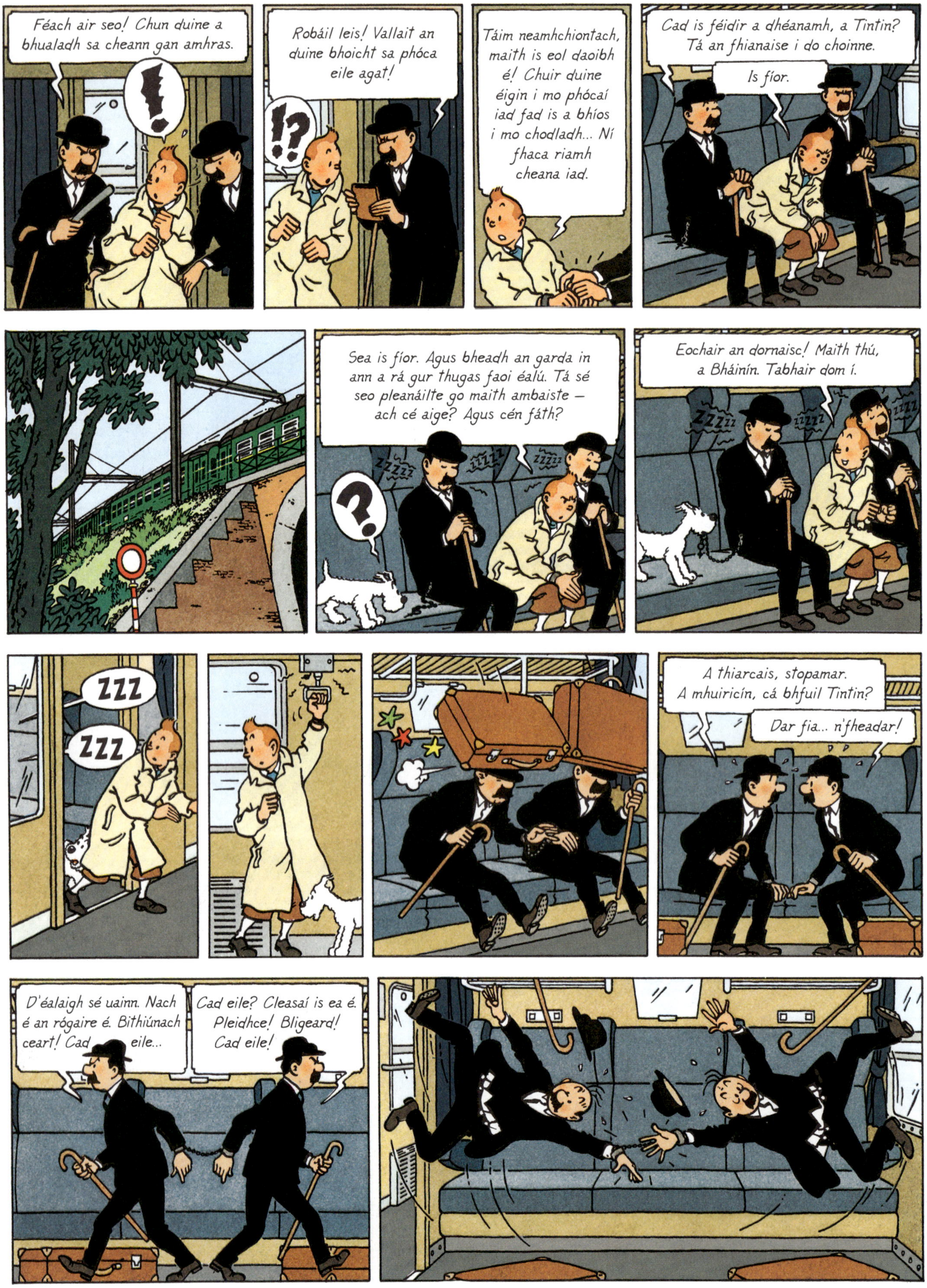
Féach air seo! Chun duine a bhualadh sa cheann gan amhras.
!
Robáil leis! Vallait an duine bhoicht sa phóca eile agat!
!?
Táim neamhchiontach, maith is eol daoibh é! Chuir duine éigin i mo phócaí iad fad is a bhíos i mo chodladh... Ní fhaca riamh cheana iad.
Cad is féidir a dhéanamh, a Tintin? Tá an fhianaise i do choinne.
Is fíor.
Sea is fíor. Agus bheadh an garda in ann a rá gur thugas faoi éalú. Tá sé seo pleanáilte go maith ambaiste – ach cé aige? Agus cén fáth?
?
Eochair an dornaisc! Maith thú, a Bháinín. Tabhair dom í.
ZZZ
ZZZ
A thiarcais, stopamar. A mhuiricín, cá bhfuil Tintin?
Dar fia... n'fheadar!
D'éalaigh sé uainn. Nach é an rógaire é. Bithiúnach ceart! Cad eile...
Cad eile? Cleasaí is ea é. Pleidhce! Bligeard! Cad eile!

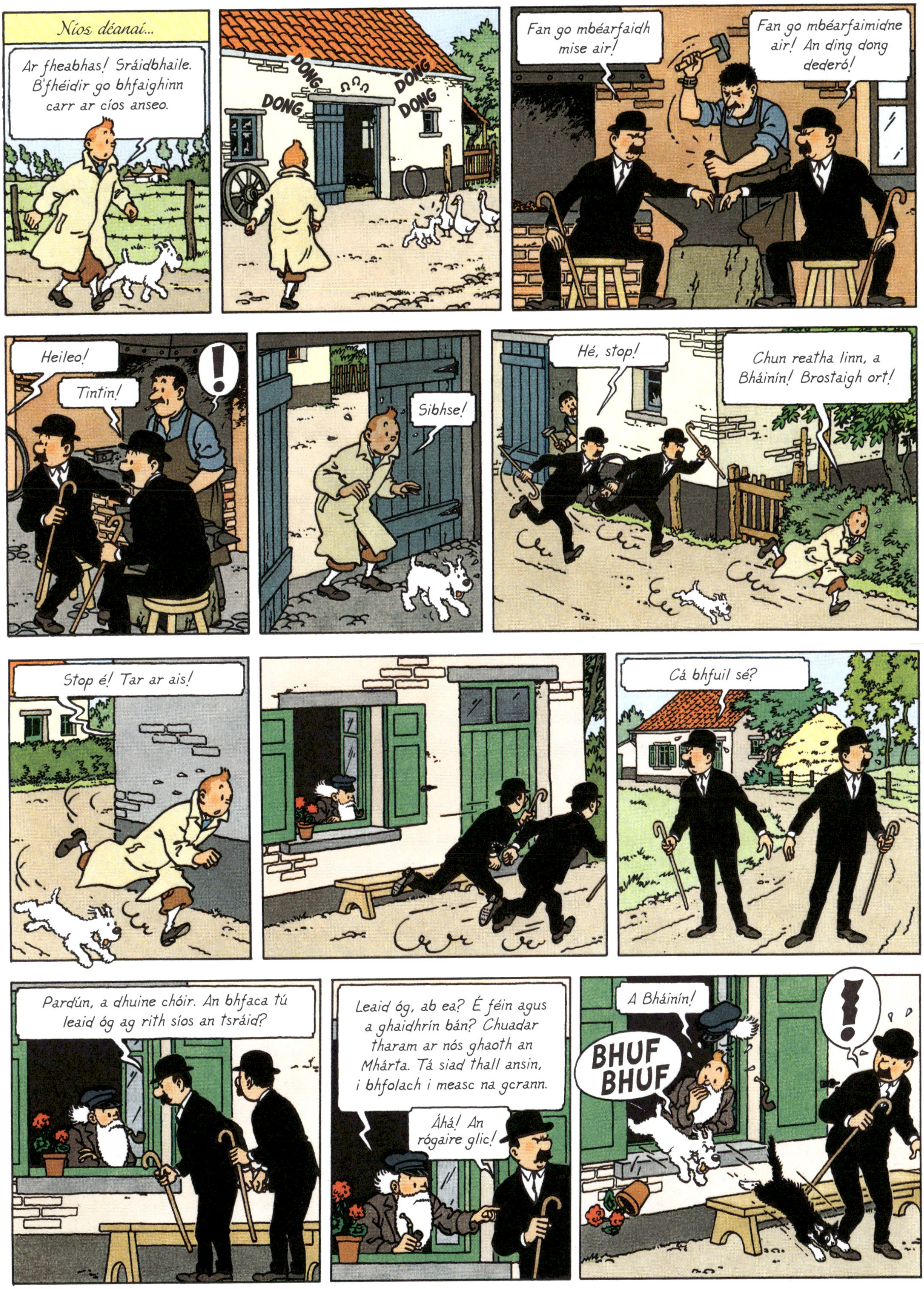

Níos déanaí...
Ar fheabhas! Sráidbhaile. B'fhéidir go bhfaighinn carr ar cíos anseo.
DONG DONG DONG DONG
Fan go mbéarfaidh mise air!
Fan go mbéarfaimidne air! An ding dong dederó!
Heileo!
Tintin!
!
Sibhse!
Hé, stop!
Chun reatha linn, a Bháinín! Brostaigh ort!
Stop é! Tar ar ais!
Cá bhfuil sé?
Pardún, a dhuine chóir. An bhfaca tú leaid óg ag rith síos an tsráid?
Leaid óg, ab ea? É féin agus a ghaidhrín bán? Chuadar tharam ar nós ghaoth an Mhárta. Tá siad thall ansin, i bhfolach i measc na gcrann.
Áhá! An rógaire glic!
A Bháinín!
BHUF BHUF
!

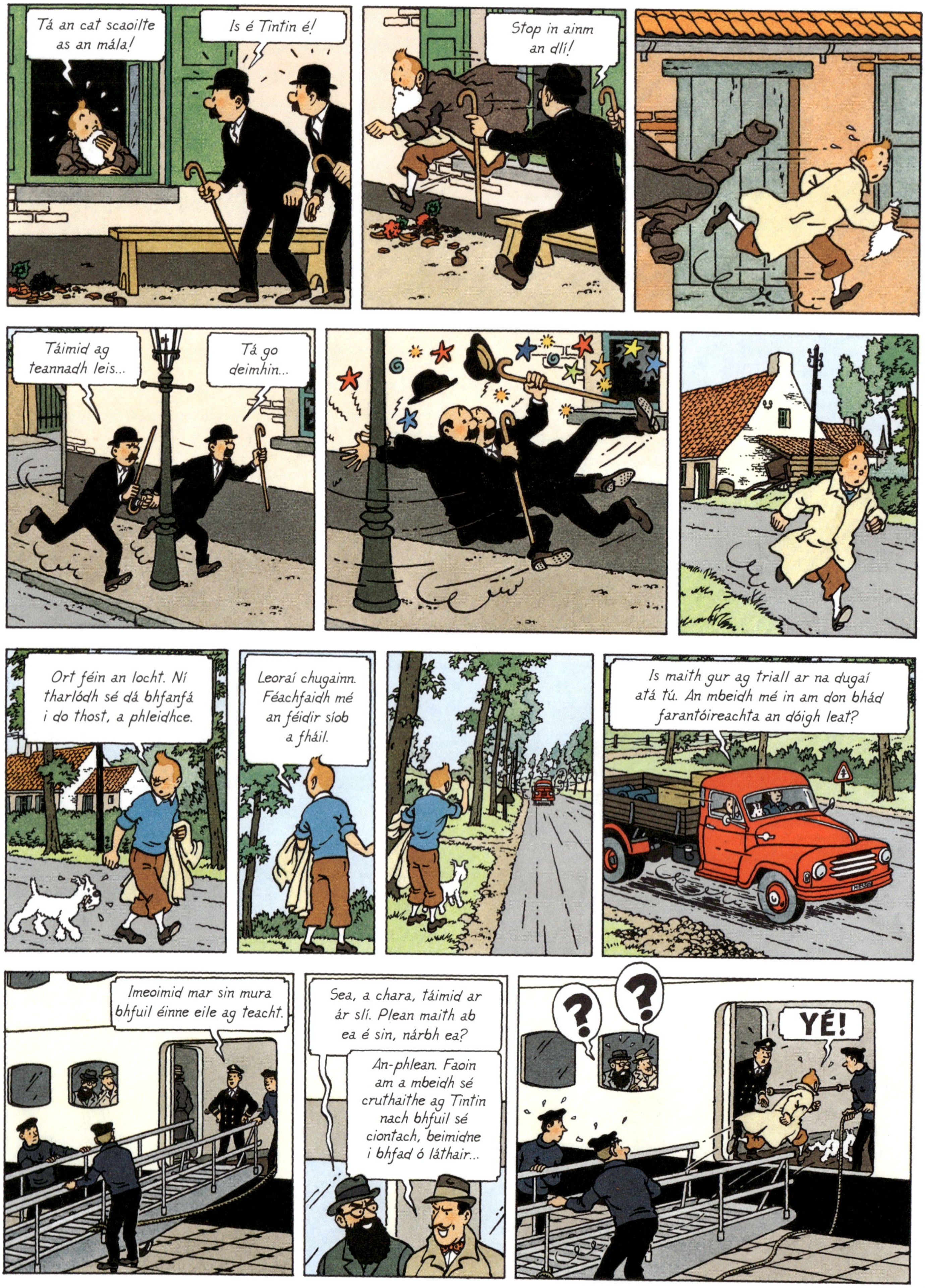
Tá an cat scaoilte as an mála!
Is é Tintin é!
Stop in ainm an dlí!
Táimid ag teannadh leis...
Tá go deimhin...
Ort féin an locht. Ní tharlódh sé dá bhfanfá i do thost, a phleidhce.
Leoraí chugainn. Féachfaidh mé an féidir síob a fháil.
Is maith gur ag triall ar na dugaí atá tú. An mbeidh mé in am don bhád farantóireachta an dóigh leat?
Imeoimid mar sin mura bhfuil éinne eile ag teacht.
Sea, a chara, táimid ar ár slí. Plean maith ab ea é sin, nárbh ea?
An-phlean. Faoin am a mbeidh sé cruthaithe ag Tintin nach bhfuil sé ciontach, beimidne i bhfad ó láthair...
YÉ!

Ná lig dó sinn a fheiceáil. Ní féidir aon ní a dhéanamh go mbeimid i dtír.
Fan go bhfeicfidh mé. Beimid in Dover i gceann uair an chloig. Traein 5.10 go Littlegate. Tacsaí ansin go Eastdown ó Stáisiún Littlegate.
LITTLEGATE
SLÍ AMACH
An dtiománfá go Eastdown sinn?
Siúráilte.
Áthas orm tú a fheiceáil, a Ivan... Níl am agam é a mhíniú duit. Lean an tacsaí sin.
Cinnte!
TACSAÍ
Ar thug tú faoi deara, a Bháinín... faoi mar a scinn an carr sin tharainn?
TACSAÍ
?
TACSAÍ
Tá siad ag teacht... An bhfuil tú réidh?
An mbeidh tú i bhfad eile?
Níl... níl a fhios agam... na coscáin... Rud éigin cearr...
!??
Go maith!

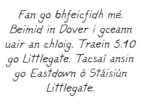

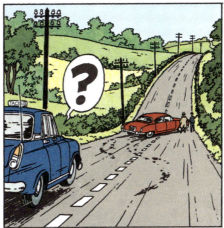

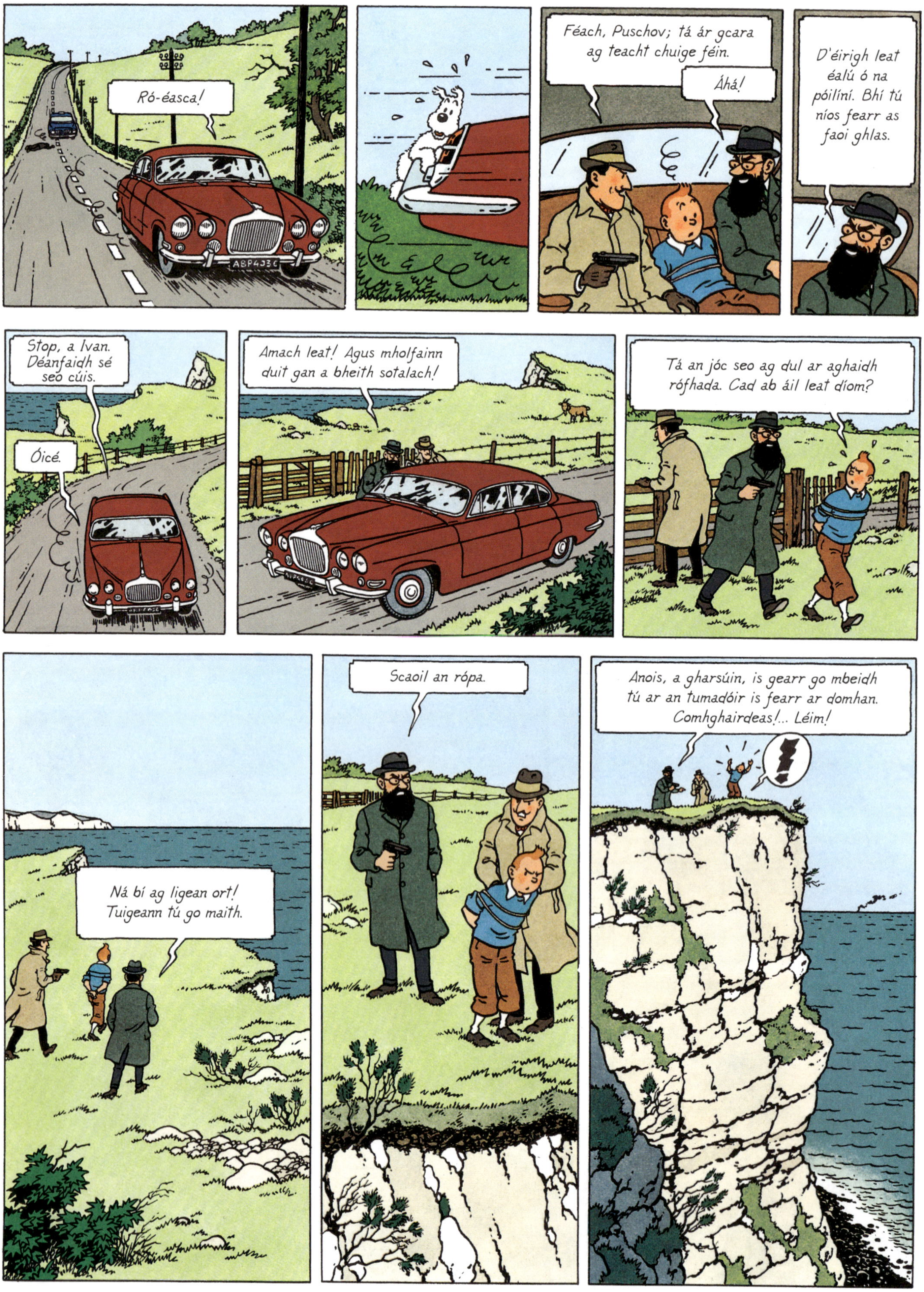
Ró-éasca!
Féach, Puschov; tá ár gcara ag teacht chuige féin.
Áhá!
D'éirigh leat éalú ó na póilíní. Bhí tú níos fearr as faoi ghlas.
Stop, a Ivan. Déanfaidh sé seo cúis.
Óicé.
Amach leat! Agus mholfainn duit gan a bheith sotalach!
Tá an jóc seo ag dul ar aghaidh rófhada. Cad ab áil leat díom?
Ná bí ag ligean ort! Tuigeann tú go maith.
Scaoil an rópa.
Anois, a gharsúin, is gearr go mbeidh tú ar an tumadóir is fearr ar domhan. Comhghairdeas!... Léim!

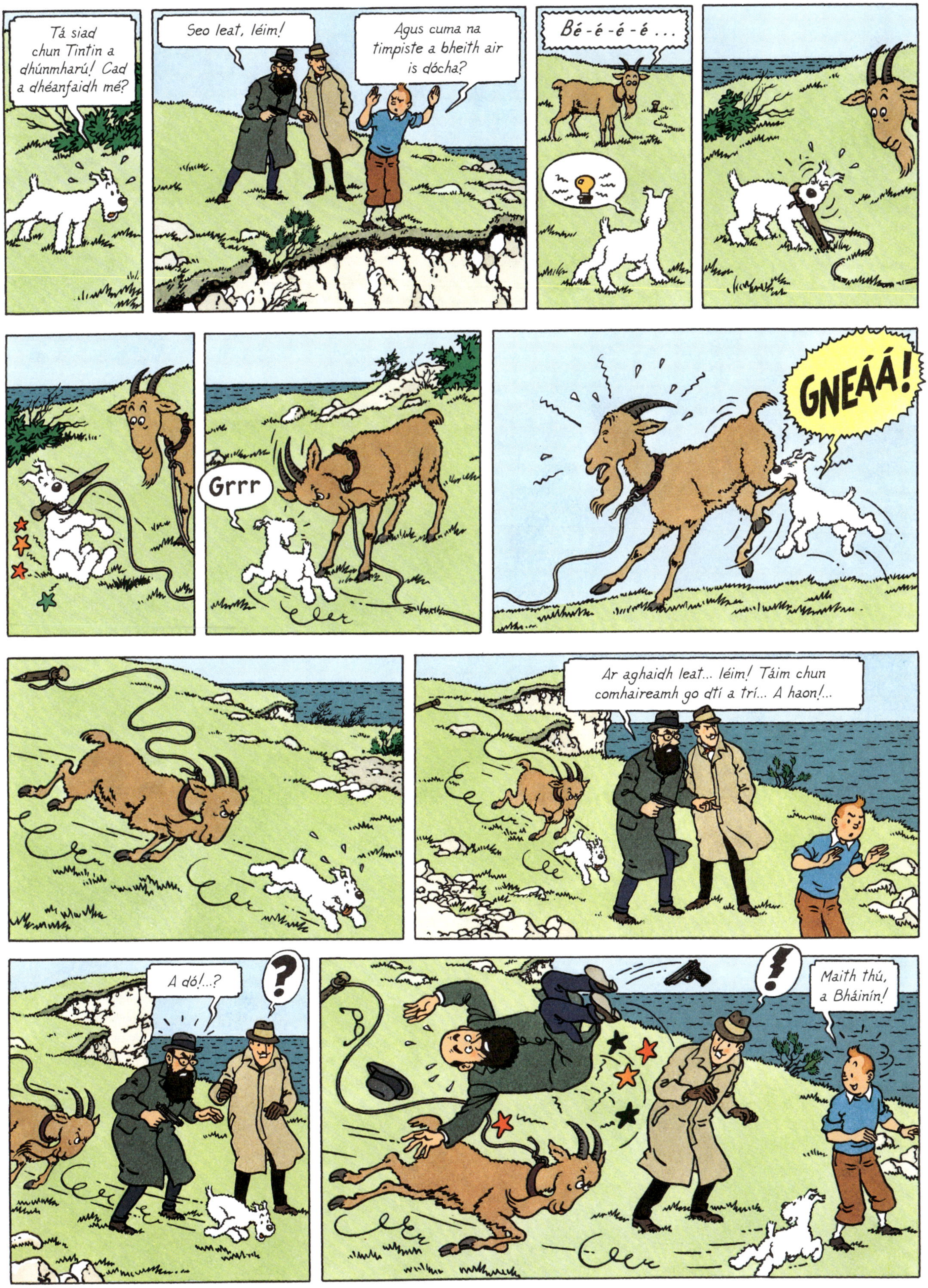

Tá siad chun Tintin a dhúnmharú! Cad a dhéanfaidh mé?
Seo leat, léim!
Agus cuma na timpiste a bheith air is dócha?
Bé-é-é-é ...
Grrr
GNEÁÁ!
Ar aghaidh leat... léim! Táim chun comhaireamh go dtí a trí... A haon!...
A dó!...?
?
!
Maith thú, a Bháinín!

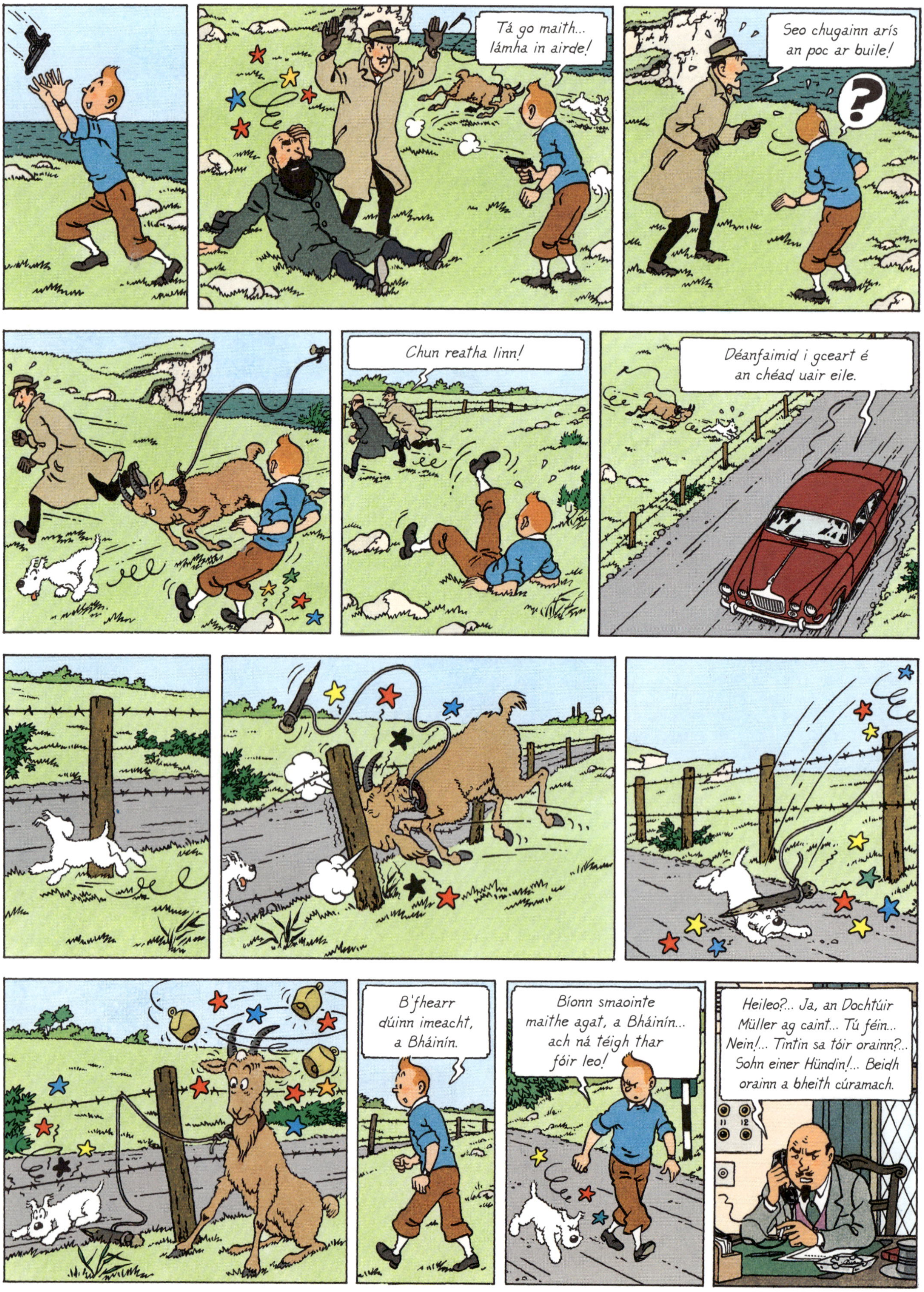

Tá go maith... lámha in airde!
Seo chugainn arís an poc ar buile!
?
Chun reatha linn!
Déanfaimid i gceart é an chéad uair eile.
B'fhearr dúinn imeacht, a Bháinín.
Bíonn smaointe maithe agat, a Bháinín... ach ná téigh thar fóir leo!
Heileo?.. Ja, an Dochtúir Müller ag caint... Tú féin... Nein!... Tintin sa tóir orainn?... Sohn einer Hündin!... Beidh orainn a bheith cúramach.

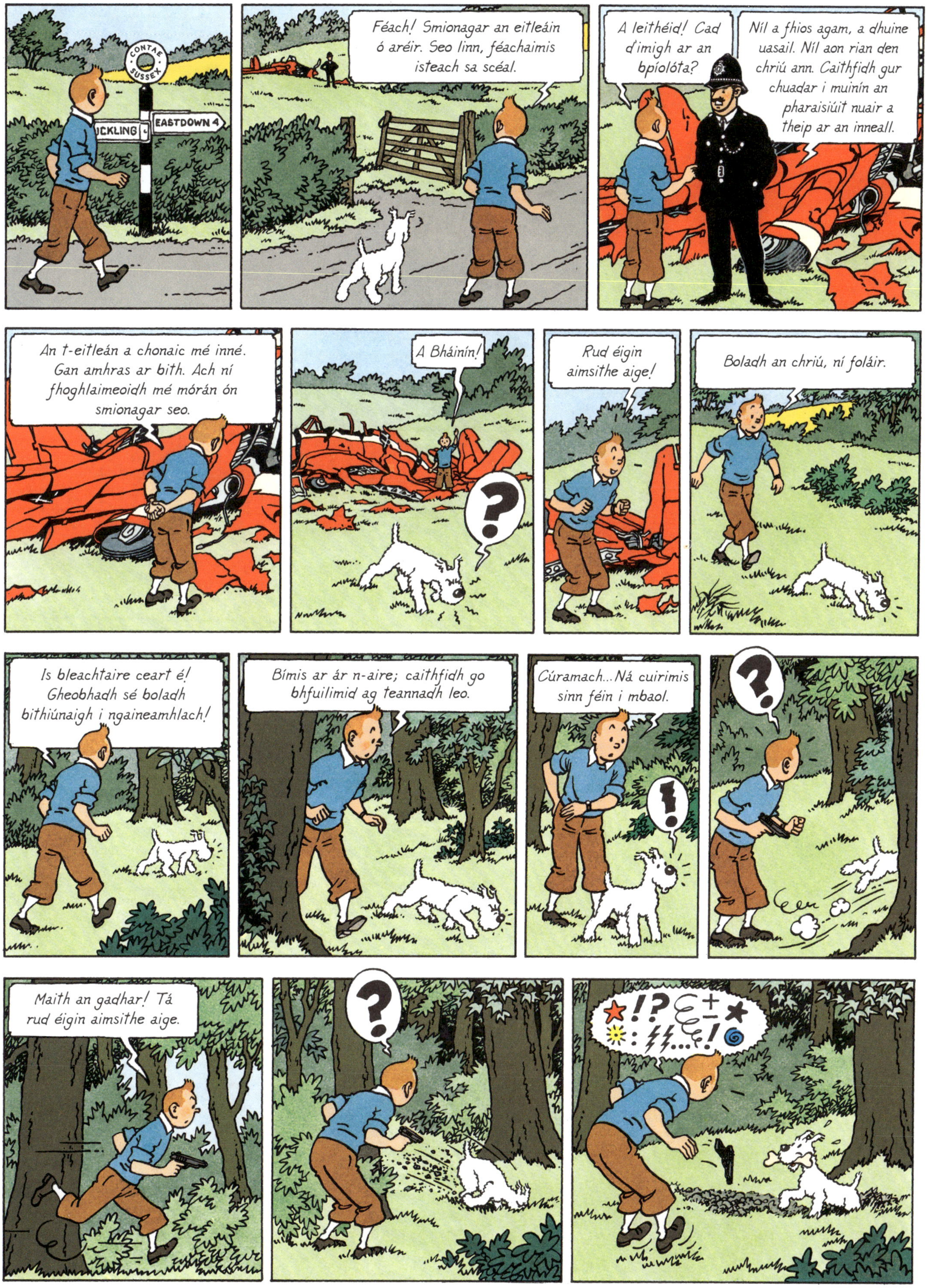
CONTAE SUSSEX
EASTDOWN 4
...CKLING
Féach! Smionagar an eitleáin ó aréir. Seo linn, féachaimis isteach sa scéal.
A leithéid! Cad d'imigh ar an bpíolóta?
Níl a fhios agam, a dhuine uasail. Níl aon rian den chriú ann. Caithfidh gur chuadar i muinín an pharaisiúit nuair a theip ar an inneall.
An t-eitleán a chonaic mé inné. Gan amhras ar bith. Ach ní fhoghlaimeoidh mé mórán ón smionagar seo.
A Bháinín!
?
Rud éigin aimsithe aige!
Boladh an chriú, ní foláir.
Is bleachtaire ceart é! Gheobhadh sé boladh bithiúnaigh i ngaineamhlach!
Bímis ar ár n-aire; caithfidh go bhfuilimid ag teannadh leo.
Cúramach... Ná cuirimis sinn féin i mbaol.
!
?
Maith an gadhar! Tá rud éigin aimsithe aige.
?
!?

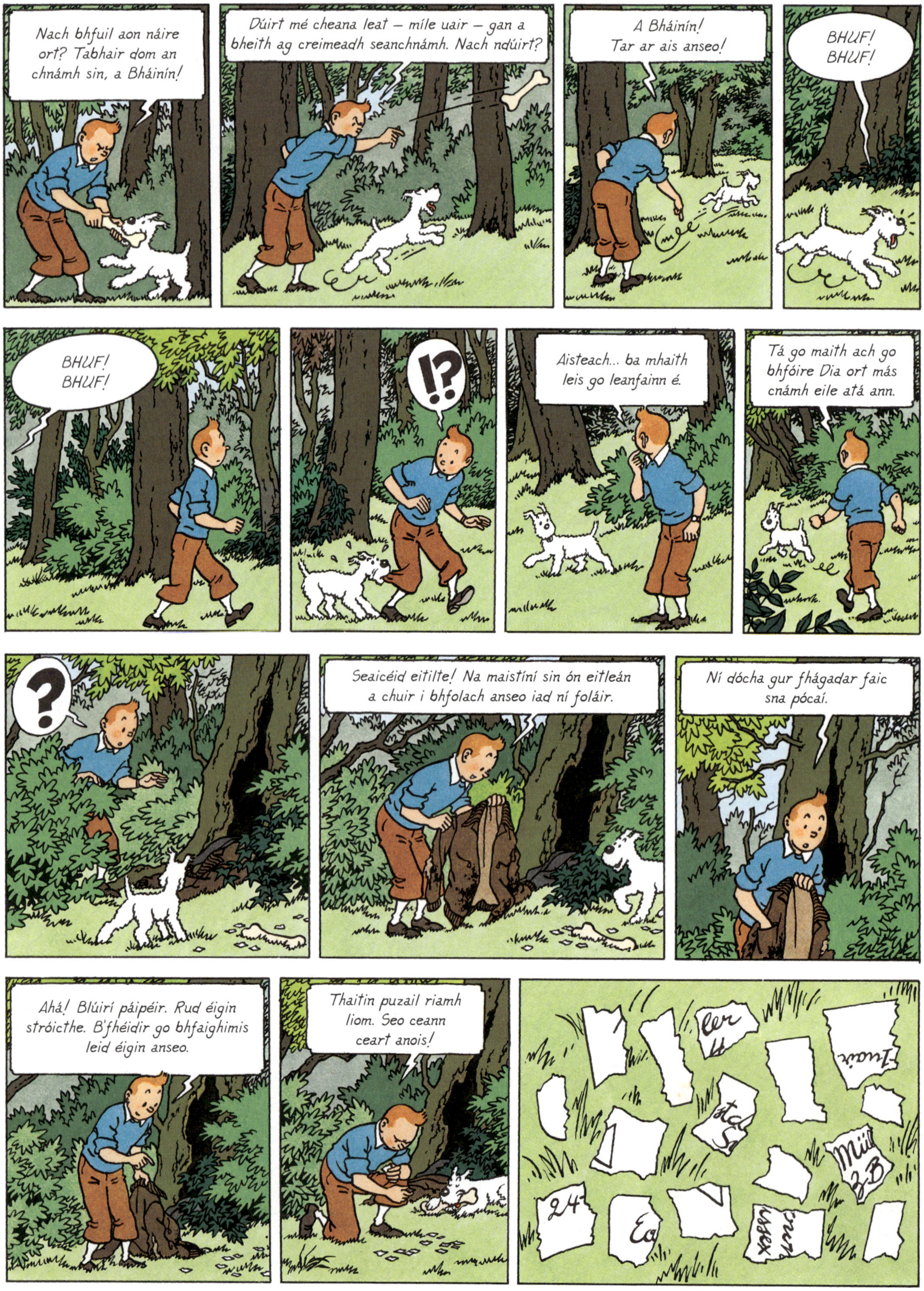
Nach bhfuil aon náire ort? Tabhair dom an chnámh sin, a Bháinín!
Dúirt mé cheana leat – míle uair – gan a bheith ag creimeadh seanchnámh. Nach ndúirt?
A Bháinín! Tar ar ais anseo!
BHUF! BHUF!
BHUF! BHUF!
!?
Aisteach... ba mhaith leis go leanfainn é.
Tá go maith ach go bhfóire Dia ort más cnámh eile atá ann.
?
Seaicéid eitilte! Na maistíní sin ón eitleán a chuir i bhfolach anseo iad ní foláir.
Ní dócha gur fhágadar faic sna pócaí.
Ahá! Blúirí páipéir. Rud éigin stróicthe. B'fhéidir go bhfaighimis leid éigin anseo.
Thaitin puzail riamh liom. Seo ceann ceart anois!

Sin é anois é.

Eastdown
Sussex
Müller
3 B.H.
△
24-1uair

Hmm...
Ní mór an chabhair é. N'fheadar cad is brí leis?...

A Bháinín! Arís?

...agus ná bí ag cnáimhseáil! An gcloiseann tú mé?

ABHAITS!

Ní ionad dumpála é seo! Cad atá ar bun agat? Tá cosc ar threaspás anseo!

Tá cathú orm. Níor thuigeas — chailleas mo shlí...

Bhuel... Tá go maith. Scaoilfidh mé leat an uair seo. Tá cosán romhat chun na habhann, téigh trasna an droichid agus feicfidh tú an príomhbhóthar.

'Bhfuil tú ag iarraidh ceap magaidh a dhéanamh díom?

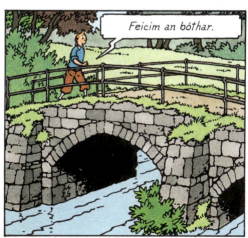

Feicim an bóthar.

Cúpla míle eile go Eastdown is dócha.

Dr J.W.MÜLLER

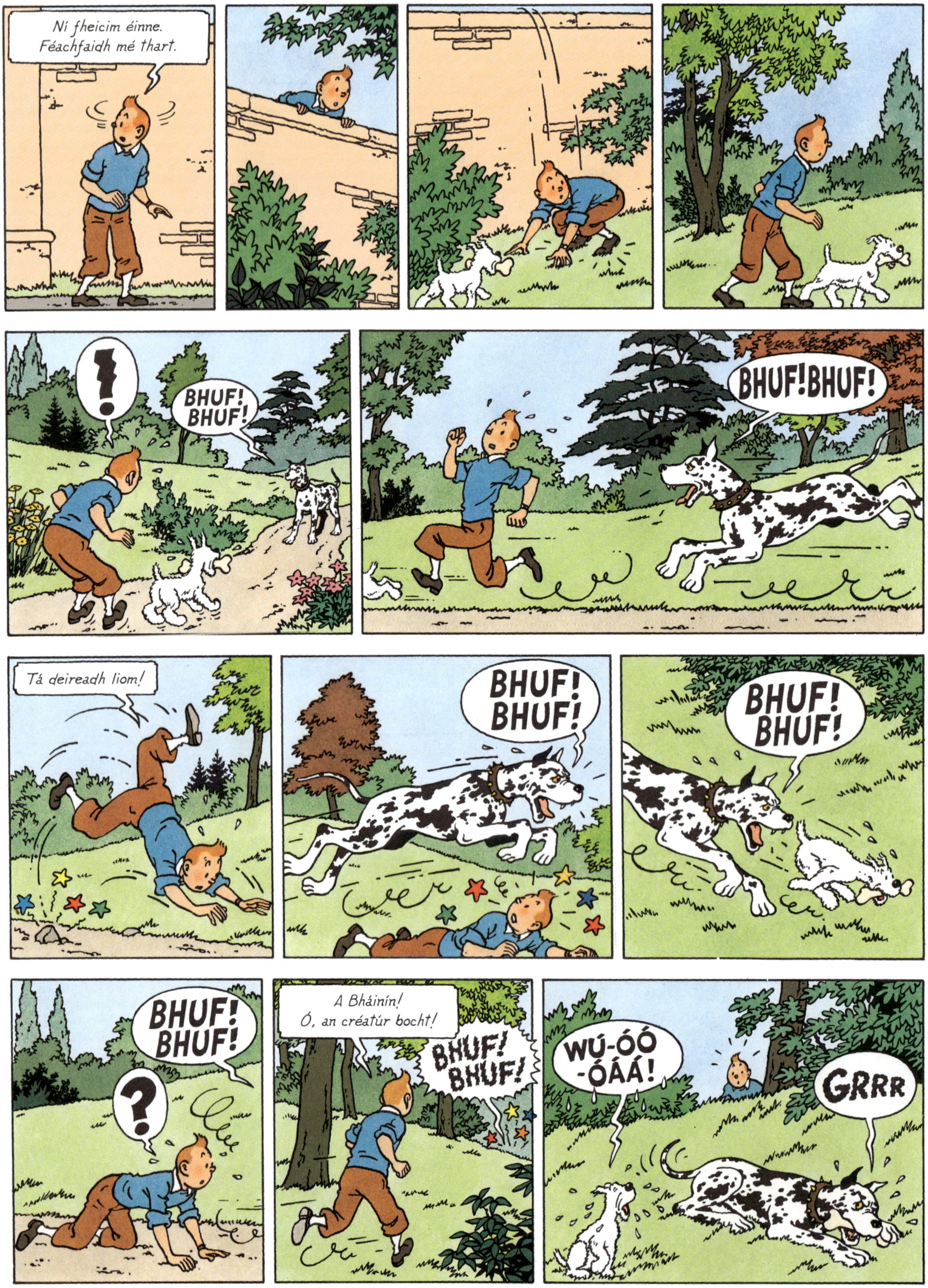
Ní fheicim éinne.
Féachfaidh mé thart.
!
BHUF! BHUF!
BHUF!BHUF!
Tá deireadh liom!
BHUF! BHUF!
BHUF! BHUF!
BHUF! BHUF!
?
A Bháinín!
Ó, an créatúr bocht!
BHUF! BHUF!
WÚ-ÓÓ -ÓÁÁ!
GRRR

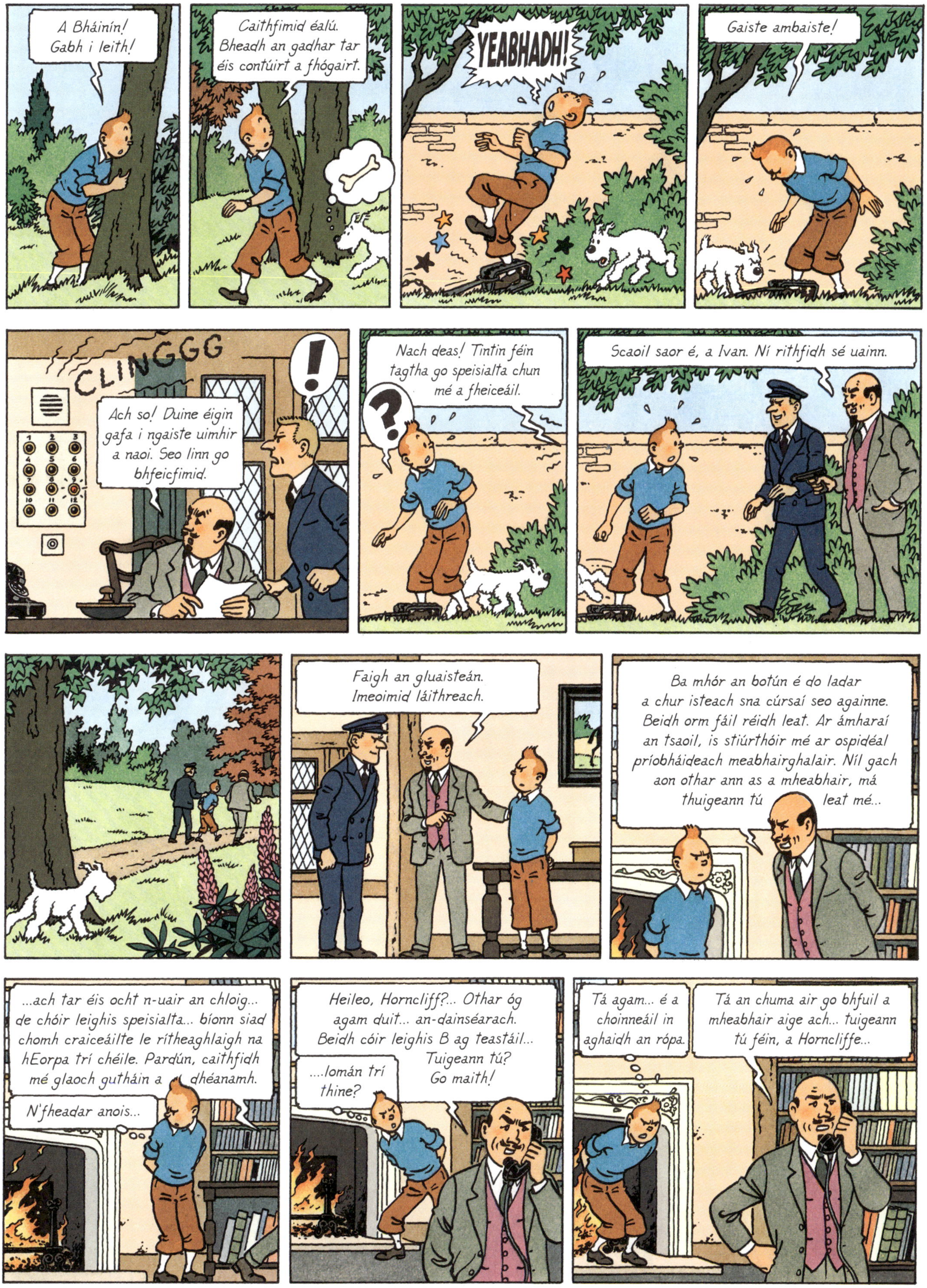
A Bháinín! Gabh i leith!
Caithfimid éalú. Bheadh an gadhar tar éis contúirt a fhógairt.
YEABHADH!
Gaiste ambaiste!
CLINGGG
Ach so! Duine éigin gafa i ngaiste uimhir a naoi. Seo linn go bhfeicfimid.
Nach deas! Tintin féin tagtha go speisialta chun mé a fheiceáil.
Scaoil saor é, a Ivan. Ní rithfidh sé uainn.
Faigh an gluaisteán. Imeoimid láithreach.
Ba mhór an botún é do ladar a chur isteach sna cúrsaí seo againne. Beidh orm fáil réidh leat. Ar ámharaí an tsaoil, is stiúrthóir mé ar ospidéal príobháideach meabhairghalair. Níl gach aon othar ann as a mheabhair, má thuigeann tú leat mé...
...ach tar éis ocht n-uair an chloig... de chóir leighis speisialta... bíonn siad chomh craiceáilte le rítheaghlaigh na hEorpa trí chéile. Pardún, caithfidh mé glaoch gutháin a dhéanamh.
N'fheadar anois...
Heileo, Horncliff?... Othar óg agam duit... an-dainséarach. Beidh cóir leighis B ag teastáil... Tuigeann tú? Go maith!
...lomán trí thine?
Tá agam... é a choinneáil in aghaidh an rópa.
Tá an chuma air go bhfuil a mheabhair aige ach... tuigeann tú féin, a Horncliffe...

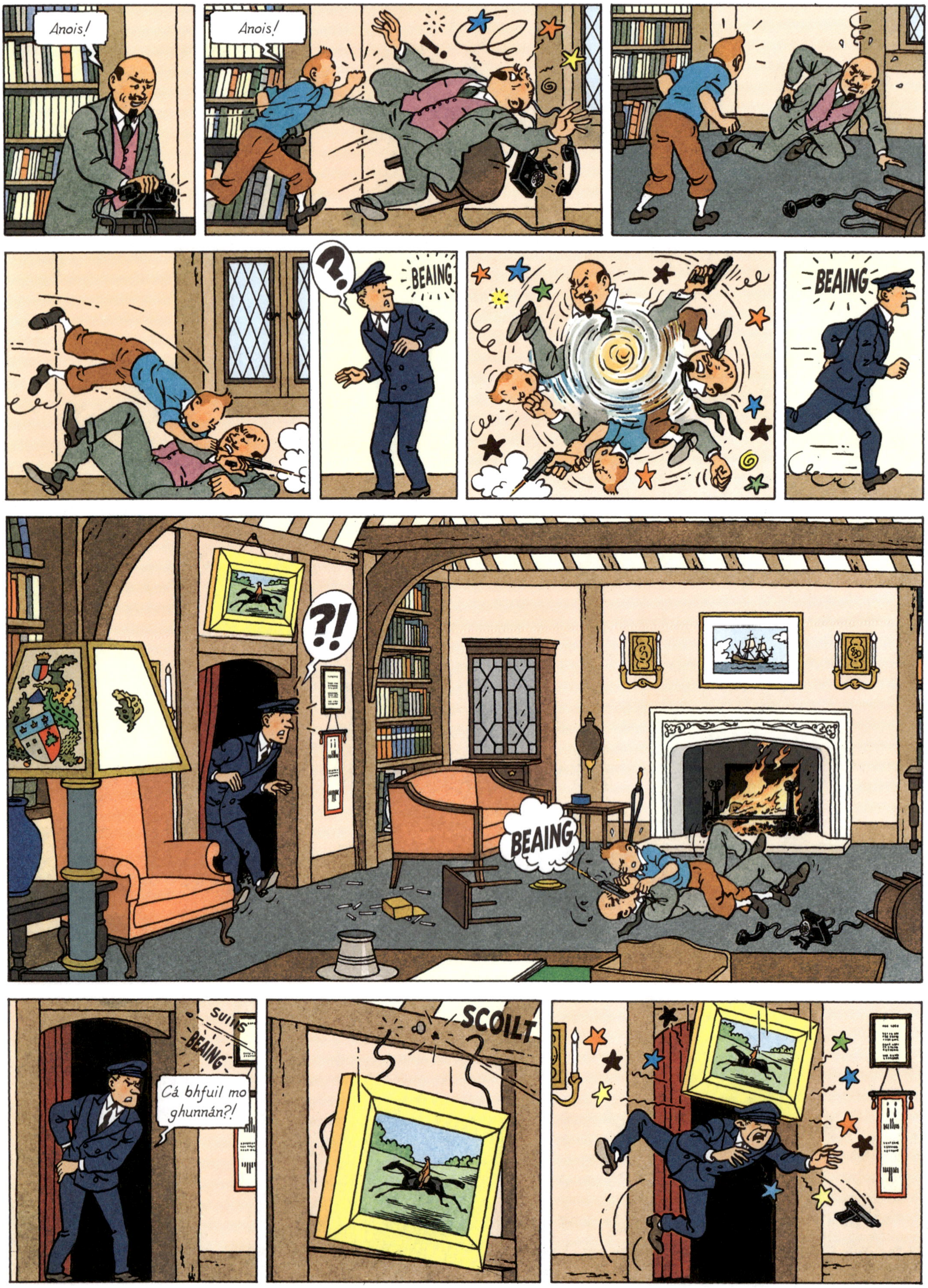
Anois!
Anois!
BEAING
BEAING
BEAING
SUINS
BEAING
Cá bhfuil mo ghunnán?!
SCOILT

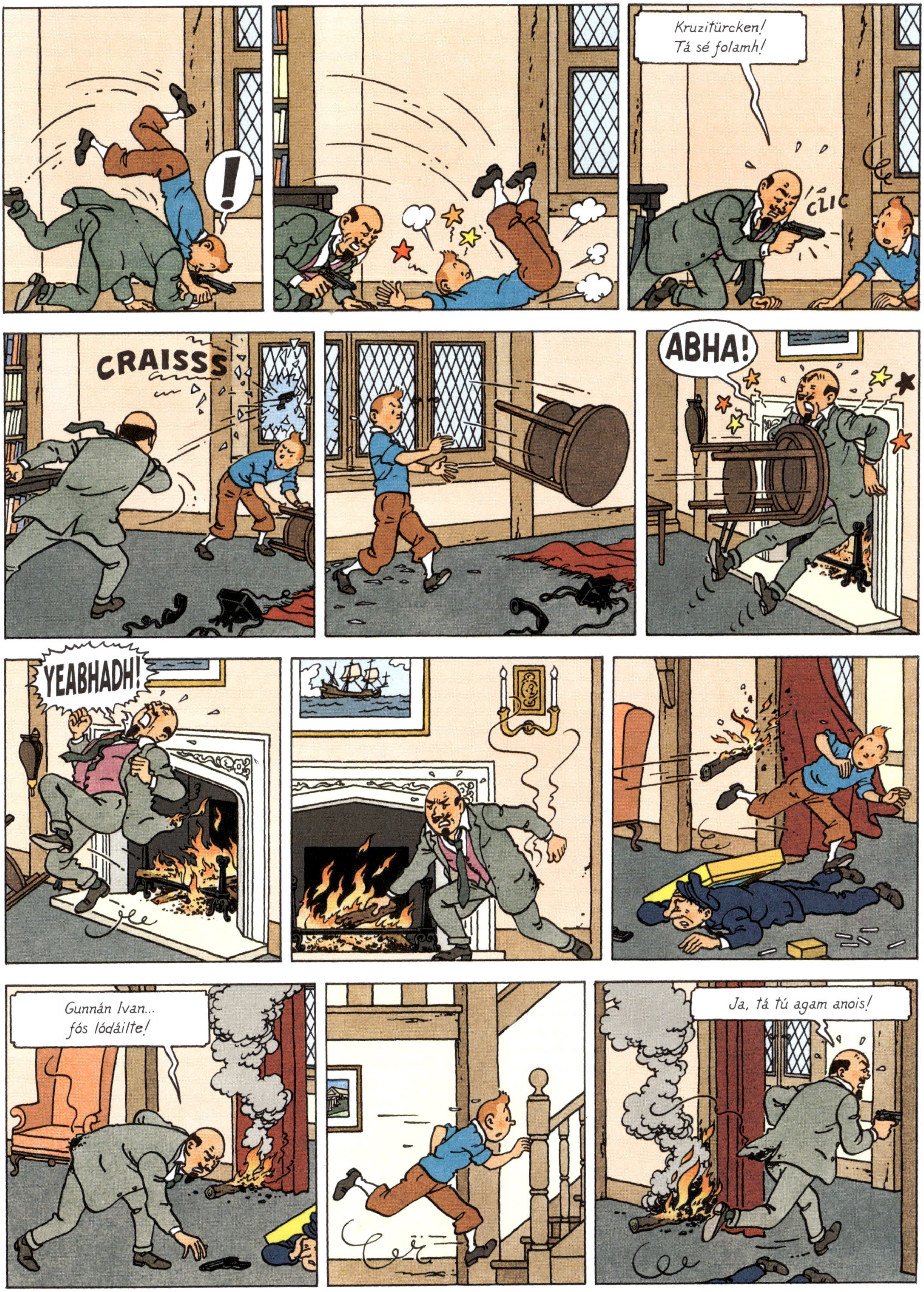
!
Kruzitürcken!
Tá sé folamh!
CLIC
CRAISSS
ABHA!
YEABHADH!
Gunnán Ivan...
fós lódáilte!
Ja, tá tú agam anois!

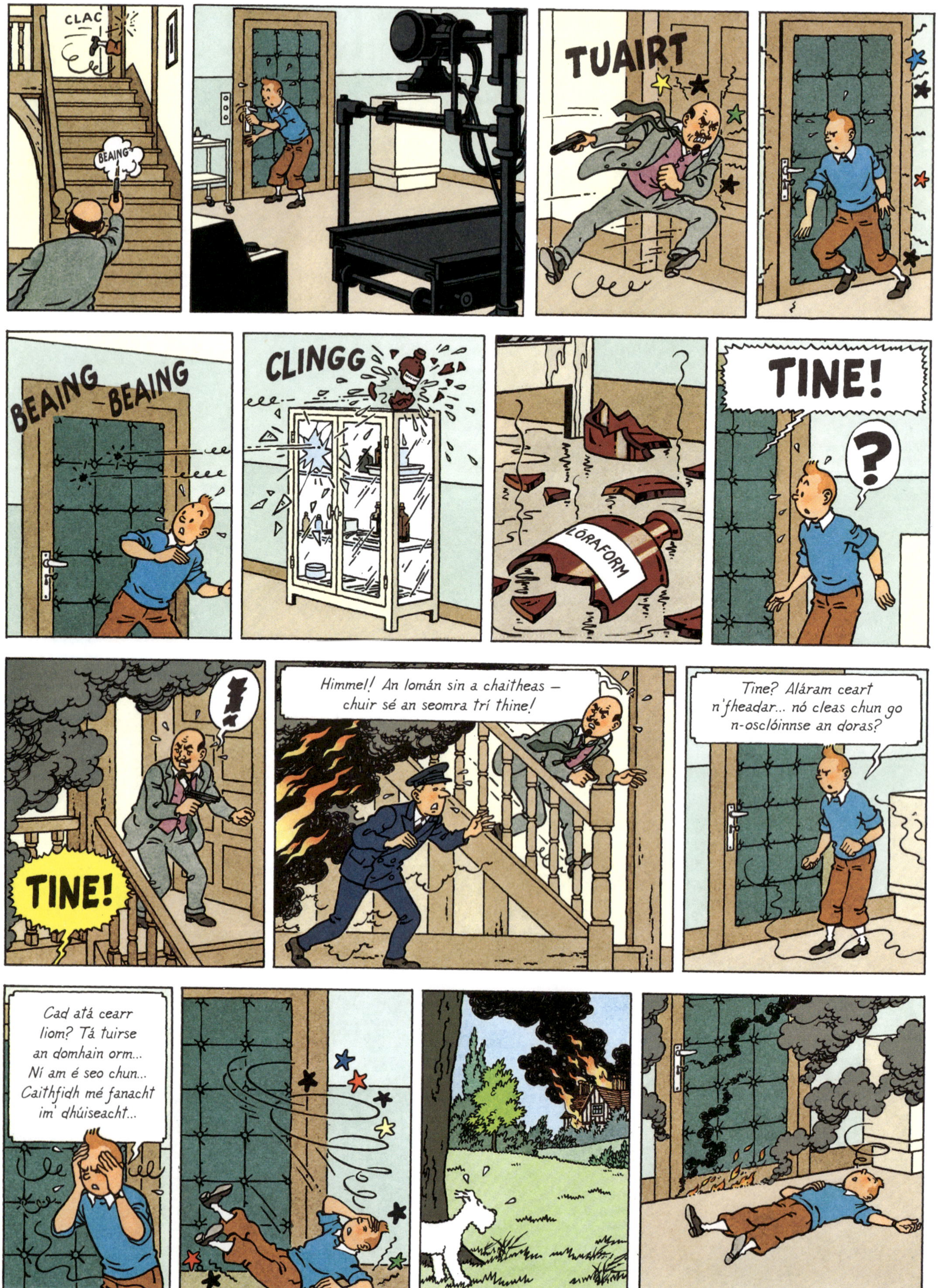
CLAC
BEAING
TUAIRT
BEAING-BEAING
CLINGG
LÓRAFORM
TINE!
?
TINE!
Himmel! An lomán sin a chaitheas – chuir sé an seomra trí thine!
Tine? Aláram ceart n'fheadar... nó cleas chun go n-osclóinnse an doras?
Cad atá cearr liom? Tá tuirse an domhain orm... Ní am é seo chun... Caithfidh mé fanacht im' dhúiseacht...

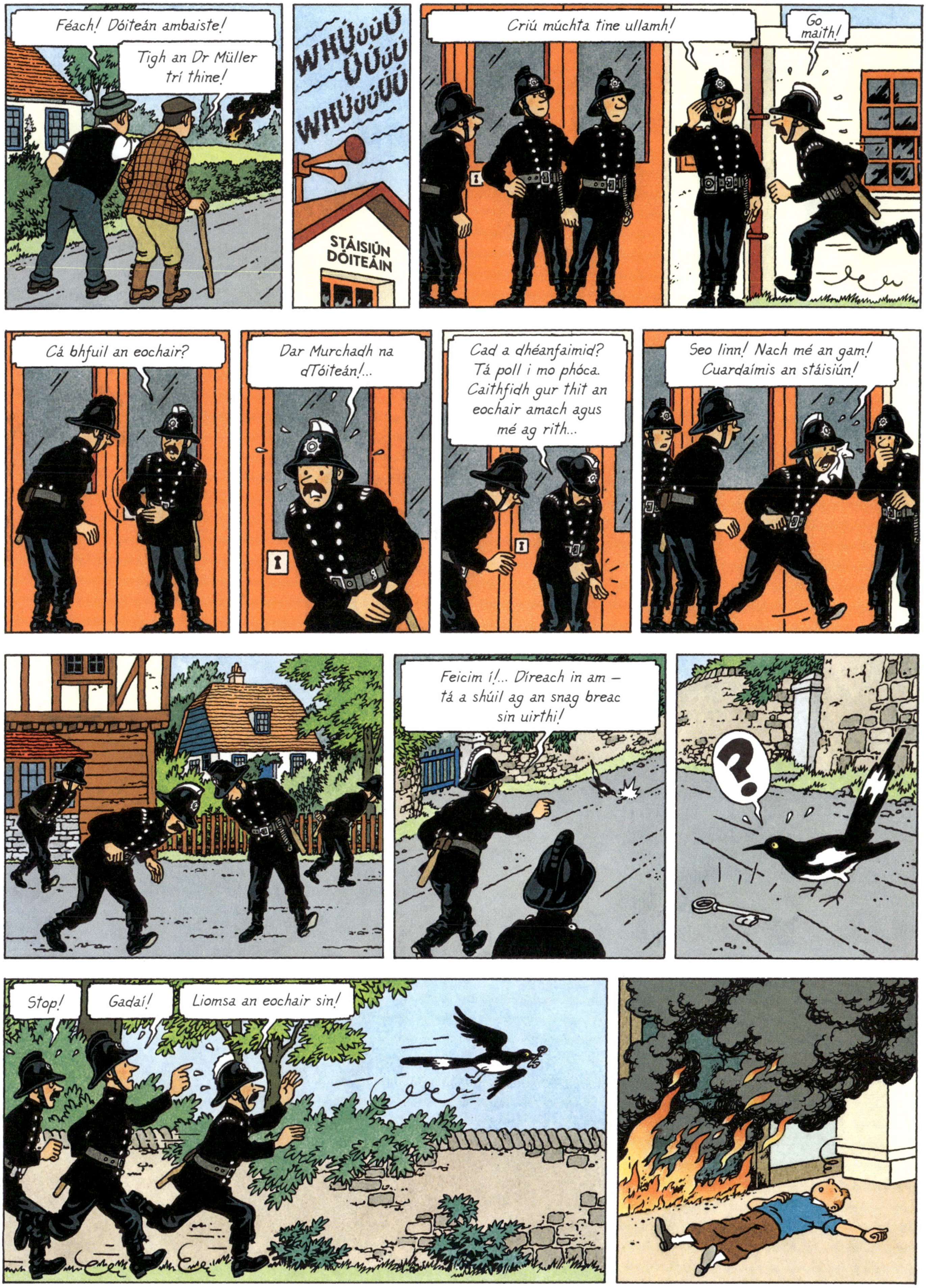
Féach! Dóiteán ambaiste!
Tigh an Dr Müller trí thine!
WHÚúúÚ ÚÚúÚ WHÚúúÚÚ
STÁISIÚN DÓITEÁIN
Criú múchta tine ullamh!
Go maith!
Cá bhfuil an eochair?
Dar Murchadh na dTóiteán!...
Cad a dhéanfaimid? Tá poll i mo phóca. Caithfidh gur thit an eochair amach agus mé ag rith...
Seo linn! Nach mé an gam! Cuardaímis an stáisiún!
Feicim í!... Díreach in am – tá a shúil ag an snag breac sin uirthi!
?
Stop!
Gadaí!
Liomsa an eochair sin!

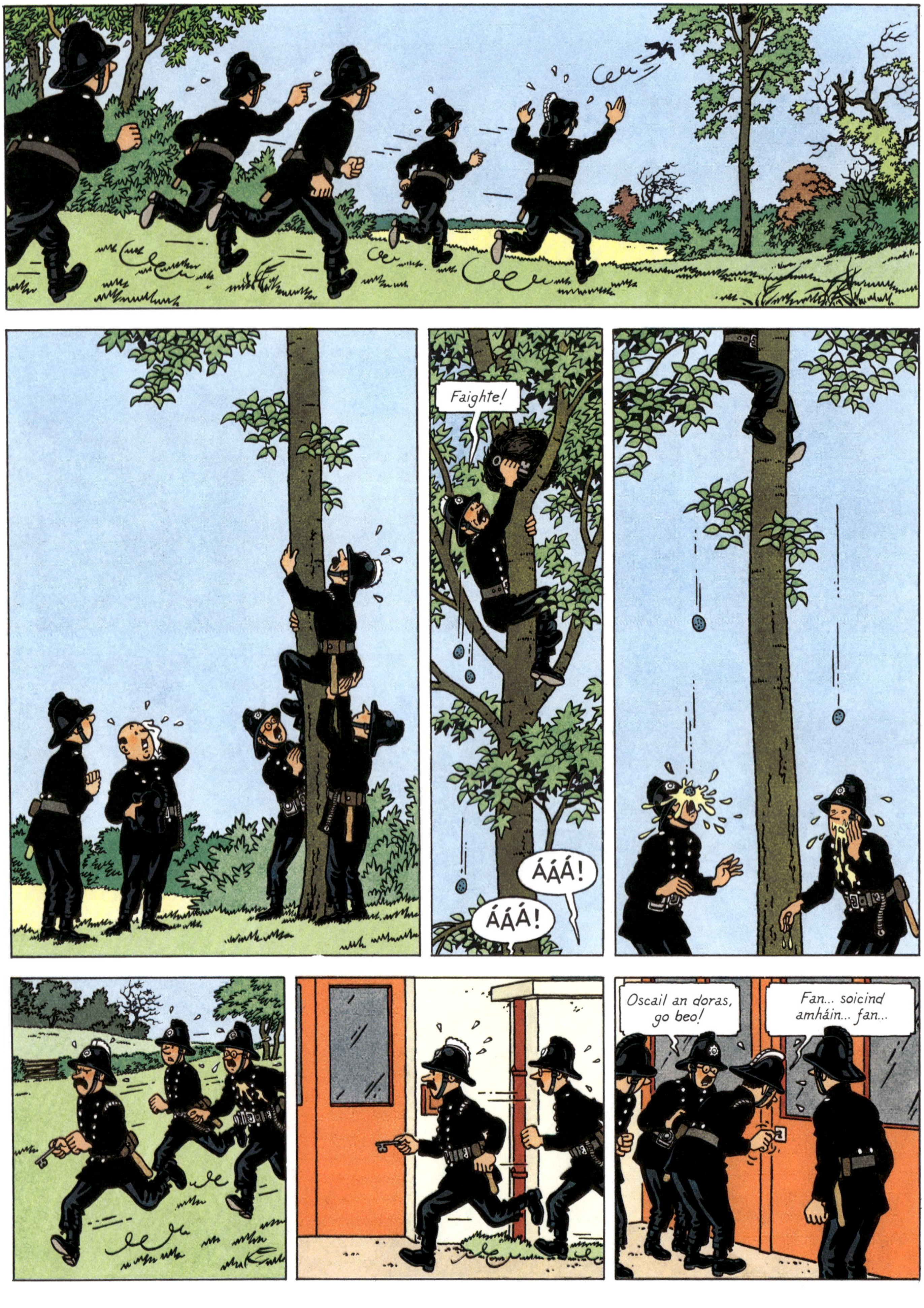

Faighte!
ÁÁÁ!
ÁÁÁ!
Oscail an doras, go beo!
Fan... soicind amháin... fan...

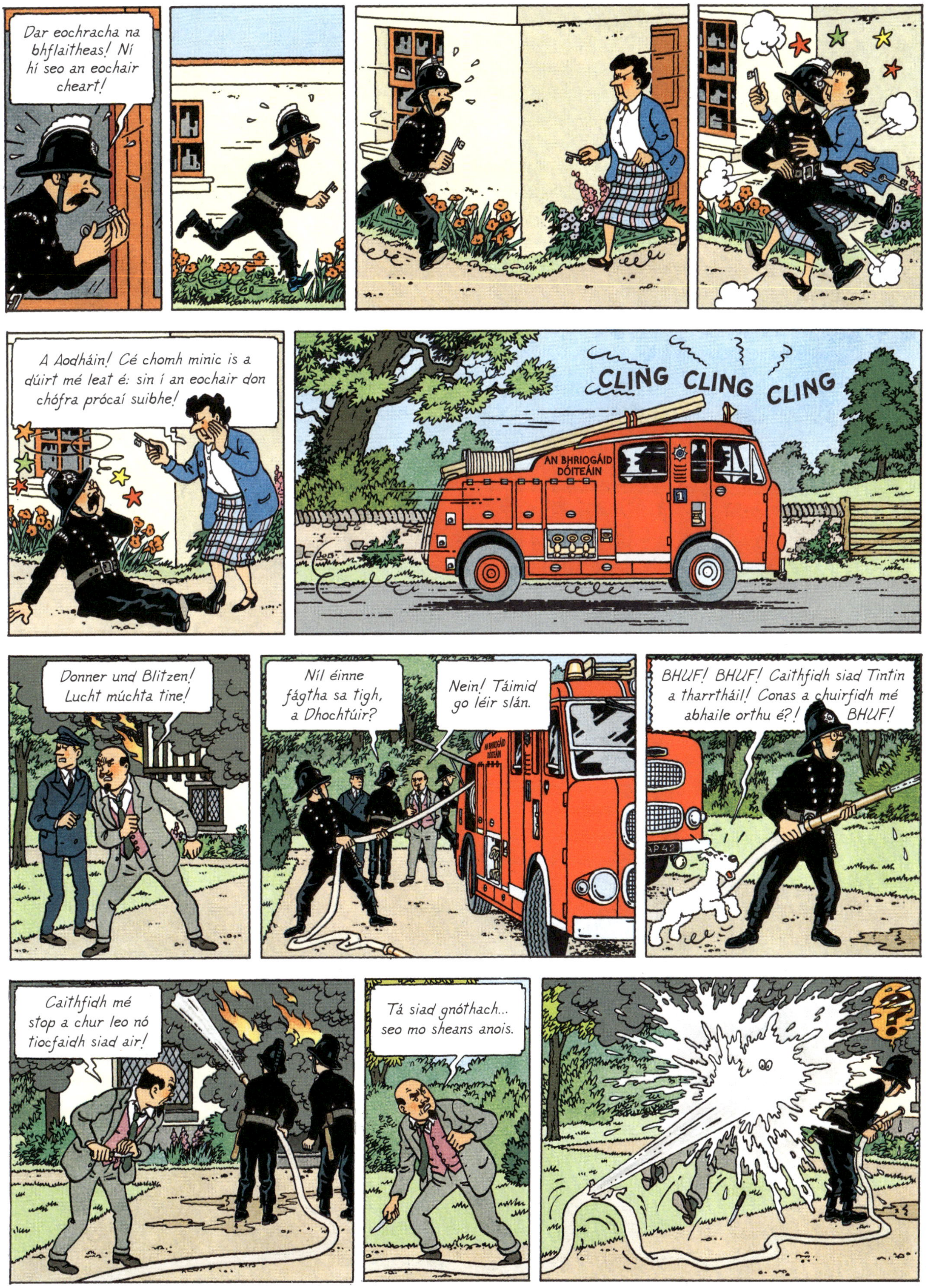

Dar eochracha na bhflaitheas! Ní hí seo an eochair cheart!
A Aodháin! Cé chomh minic is a dúirt mé leat é: sin í an eochair don chófra prócaí suibhe!
CLING CLING CLING
AN BHRIOGÁID DÓITEÁIN
Donner und Blitzen! Lucht múchta tine!
Níl éinne fágtha sa tigh, a Dhochtúir?
Nein! Táimid go léir slán.
BHUF! BHUF! Caithfidh siad Tintin a tharrtháil! Conas a chuirfidh mé abhaile orthu é?! BHUF!
Caithfidh mé stop a chur leo nó tiocfaidh siad air!
Tá siad gnóthach... seo mo sheans anois.

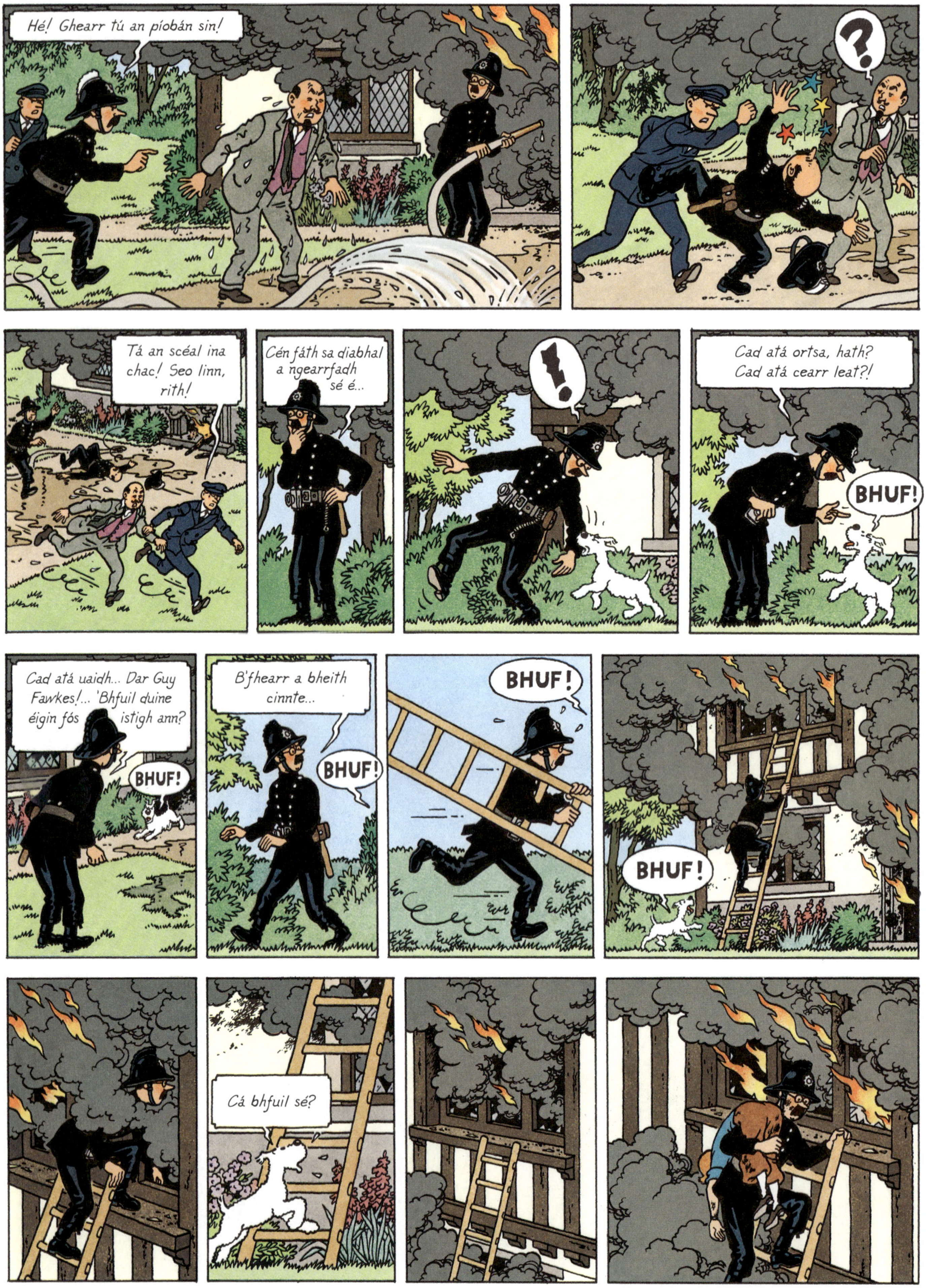
Hé! Ghearr tú an píobán sin!
?
Tá an scéal ina chac! Seo linn, rith!
Cén fáth sa diabhal a ngearrfadh sé é...
!
Cad atá ortsa, hath? Cad atá cearr leat?!
BHUF!
Cad atá uaidh... Dar Guy Fawkes!... 'Bhfuil duine éigin fós istigh ann?
BHUF!
B'fhearr a bheith cinnte...
BHUF!
BHUF!
BHUF!
Cá bhfuil sé?

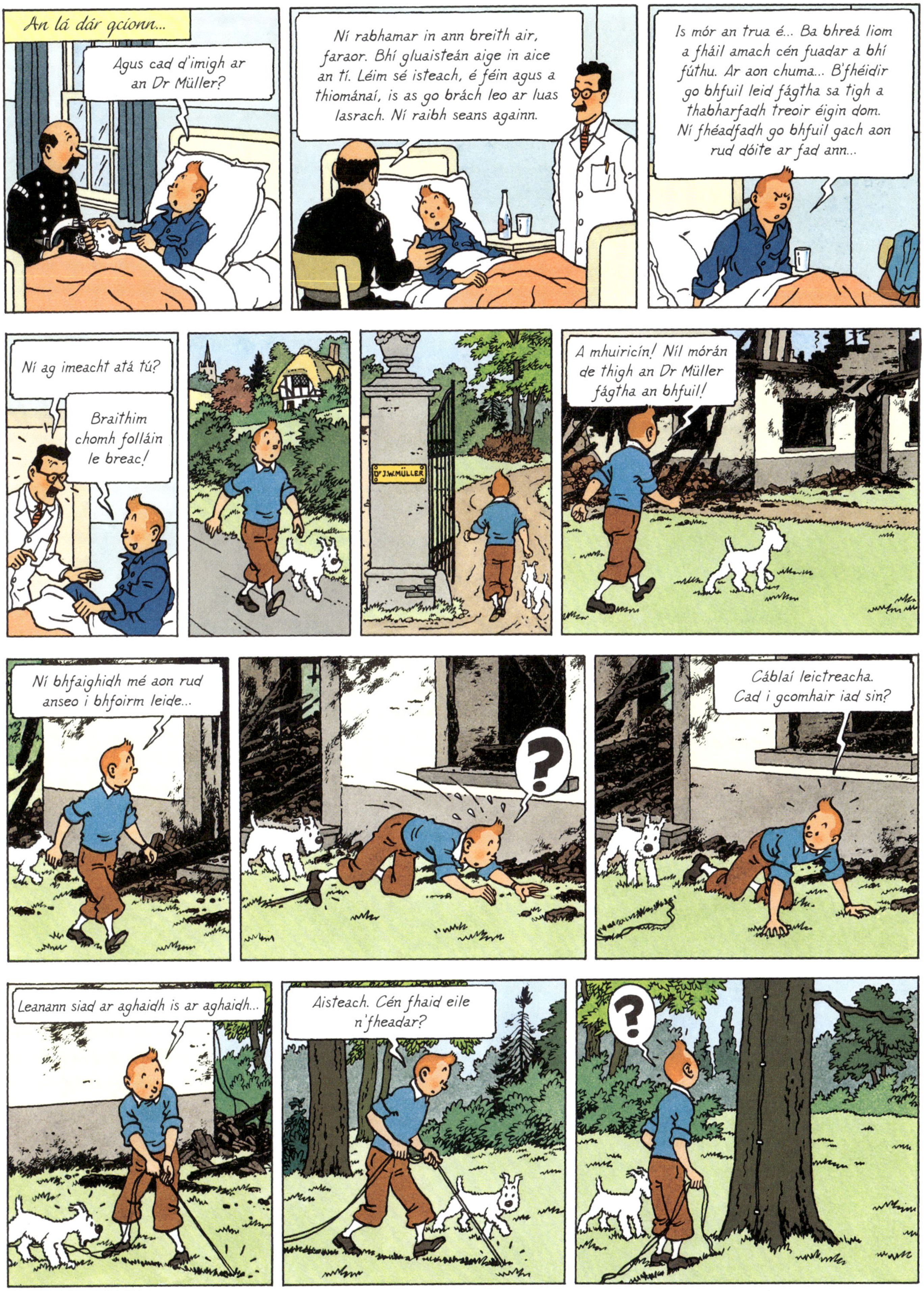

An lá dár gcionn...
Agus cad d'imigh ar an Dr Müller?
Ní rabhamar in ann breith air, faraor. Bhí gluaisteán aige in aice an tí. Léim sé isteach, é féin agus a thiománaí, is as go brách leo ar luas lasrach. Ní raibh seans againn.
Is mór an trua é... Ba bhreá liom a fháil amach cén fuadar a bhí fúthu. Ar aon chuma... B'fhéidir go bhfuil leid fágtha sa tigh a thabharfadh treoir éigin dom. Ní fhéadfadh go bhfuil gach aon rud dóite ar fad ann...
Ní ag imeacht atá tú?
Braithim chomh folláin le breac!
Dr J.W. MÜLLER
A mhuiricín! Níl mórán de thigh an Dr Müller fágtha an bhfuil!
Ní bhfaighidh mé aon rud anseo i bhfoirm leide...
?
Cáblaí leictreacha. Cad i gcomhair iad sin?
Leanann siad ar aghaidh is ar aghaidh...
Aisteach. Cén fhaid eile n'fheadar?
?

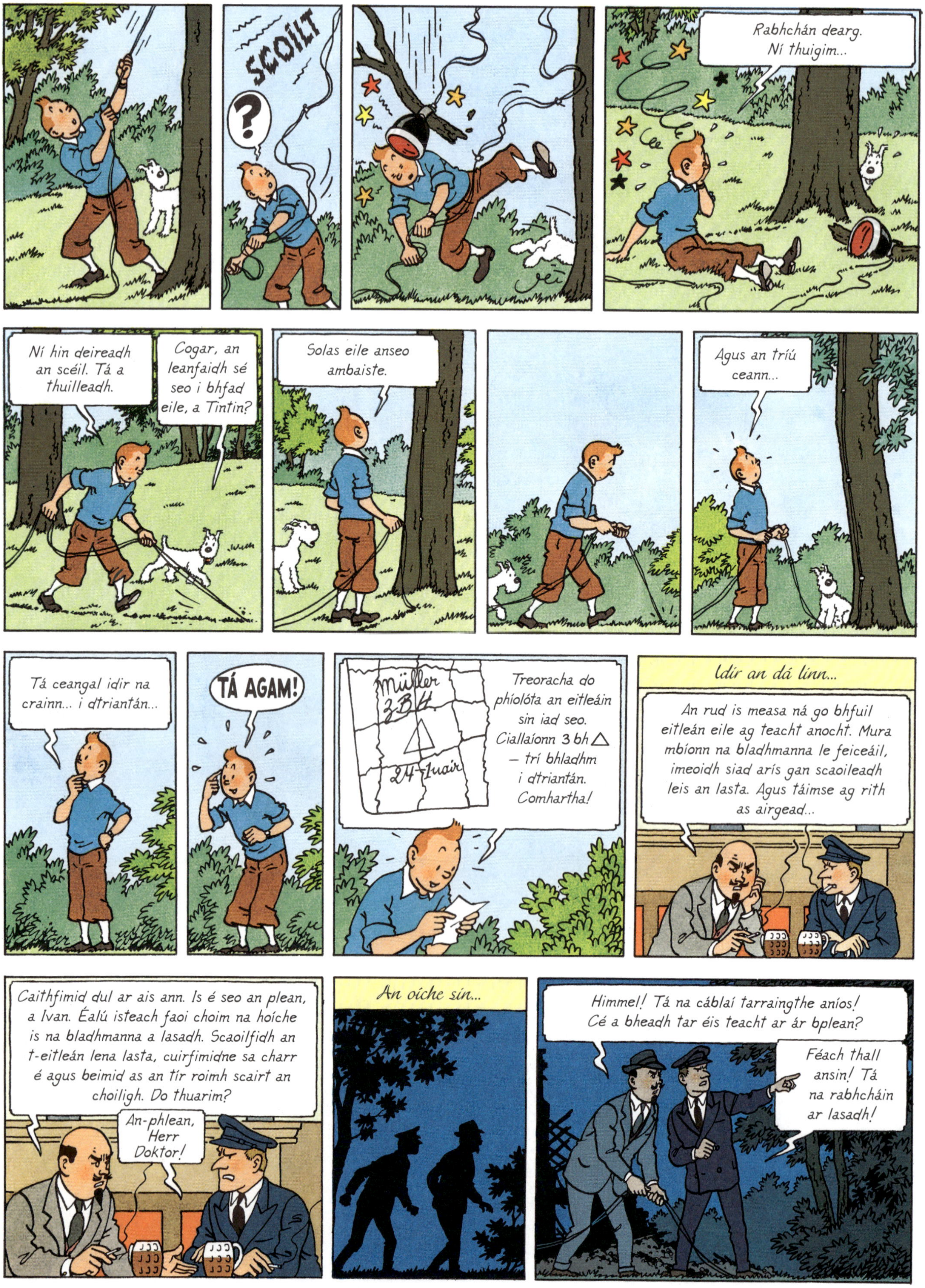
SCOÍLT
?
Rabhchán dearg.
Ní thuigim...
Ní hin deireadh an scéil. Tá a thuilleadh.
Cogar, an leanfaidh sé seo i bhfad eile, a Tintin?
Solas eile anseo ambaiste.
Agus an tríú ceann...
Tá ceangal idir na crainn... i dtriantán...
TÁ AGAM!
müller
3 B 4.
24-1uair
Treoracha do phíolóta an eitleáin sin iad seo. Ciallaíonn 3 bh △ – trí bhladhm i dtriantán. Comhartha!
Idir an dá linn...
An rud is measa ná go bhfuil eitleán eile ag teacht anocht. Mura mbíonn na bladhmanna le feiceáil, imeoidh siad arís gan scaoileadh leis an lasta. Agus táimse ag rith as airgead...
Caithfimid dul ar ais ann. Is é seo an plean, a Ivan. Éalú isteach faoi choim na hoíche is na bladhmanna a lasadh. Scaoilfidh an t-eitleán lena lasta, cuirfimidne sa charr é agus beimid as an tír roimh scairt an choiligh. Do thuarim?
An-phlean, Herr Doktor!
An oíche sin...
Himmel! Tá na cáblaí tarraingthe aníos! Cé a bheadh tar éis teacht ar ár bplean?
Féach thall ansin! Tá na rabhcháin ar lasadh!

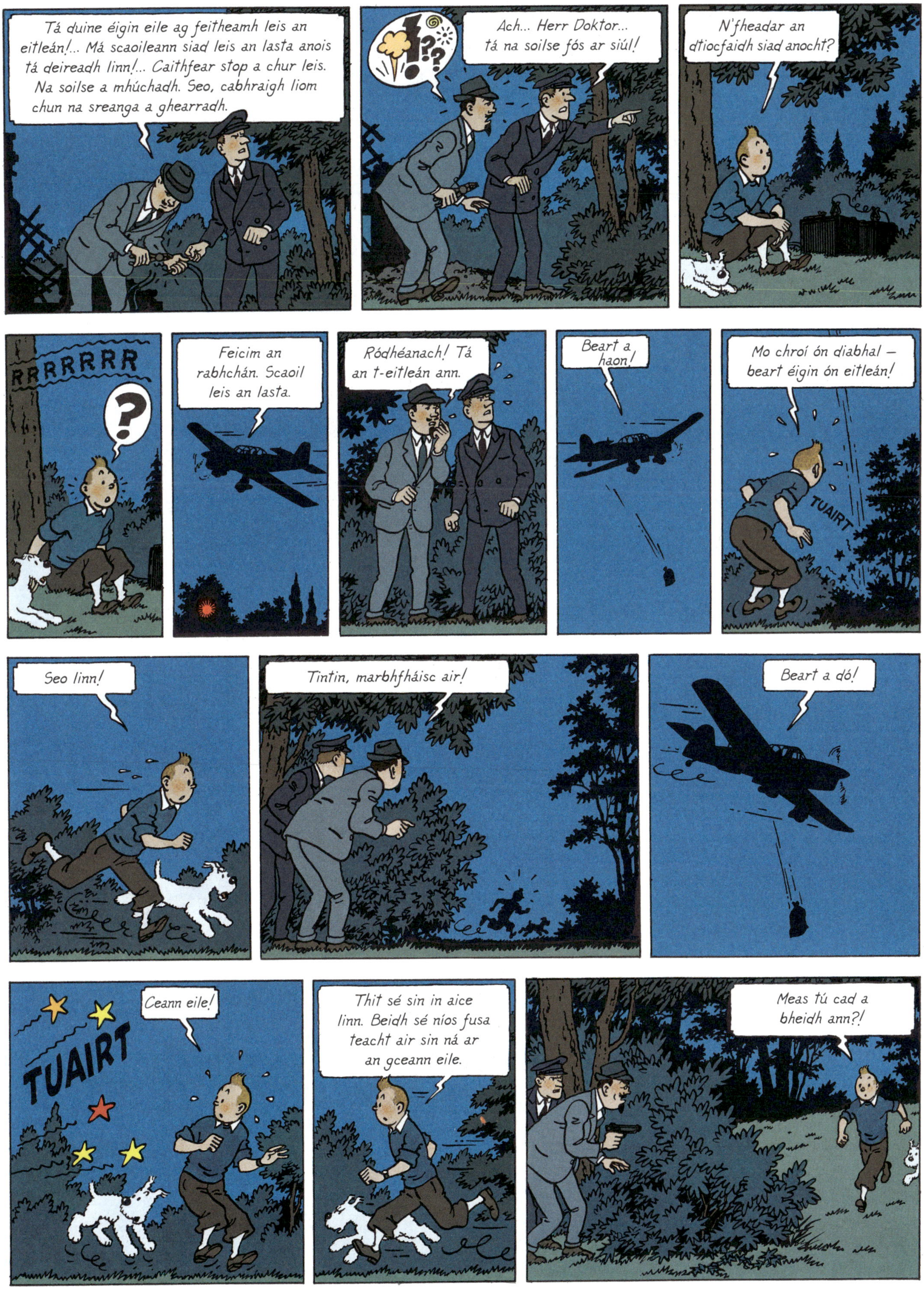

Tá duine éigin eile ag feitheamh leis an eitleán!... Má scaoileann siad leis an lasta anois tá deireadh linn!... Caithfear stop a chur leis. Na soilse a mhúchadh. Seo, cabhraigh liom chun na sreanga a ghearradh.
Ach... Herr Doktor... tá na soilse fós ar siúl!
N'fheadar an dtiocfaidh siad anocht?
RRRRRRRR
Feicim an rabhchán. Scaoil leis an lasta.
Ródhéanach! Tá an t-eitleán ann.
Beart a haon!
Mo chroí ón diabhal – beart éigin ón eitleán!
TUAIRT
Seo linn!
Tintin, marbhfháisc air!
Beart a dó!
Ceann eile!
TUAIRT
Thit sé sin in aice linn. Beidh sé níos fusa teacht air sin ná ar an gceann eile.
Meas tú cad a bheidh ann?!

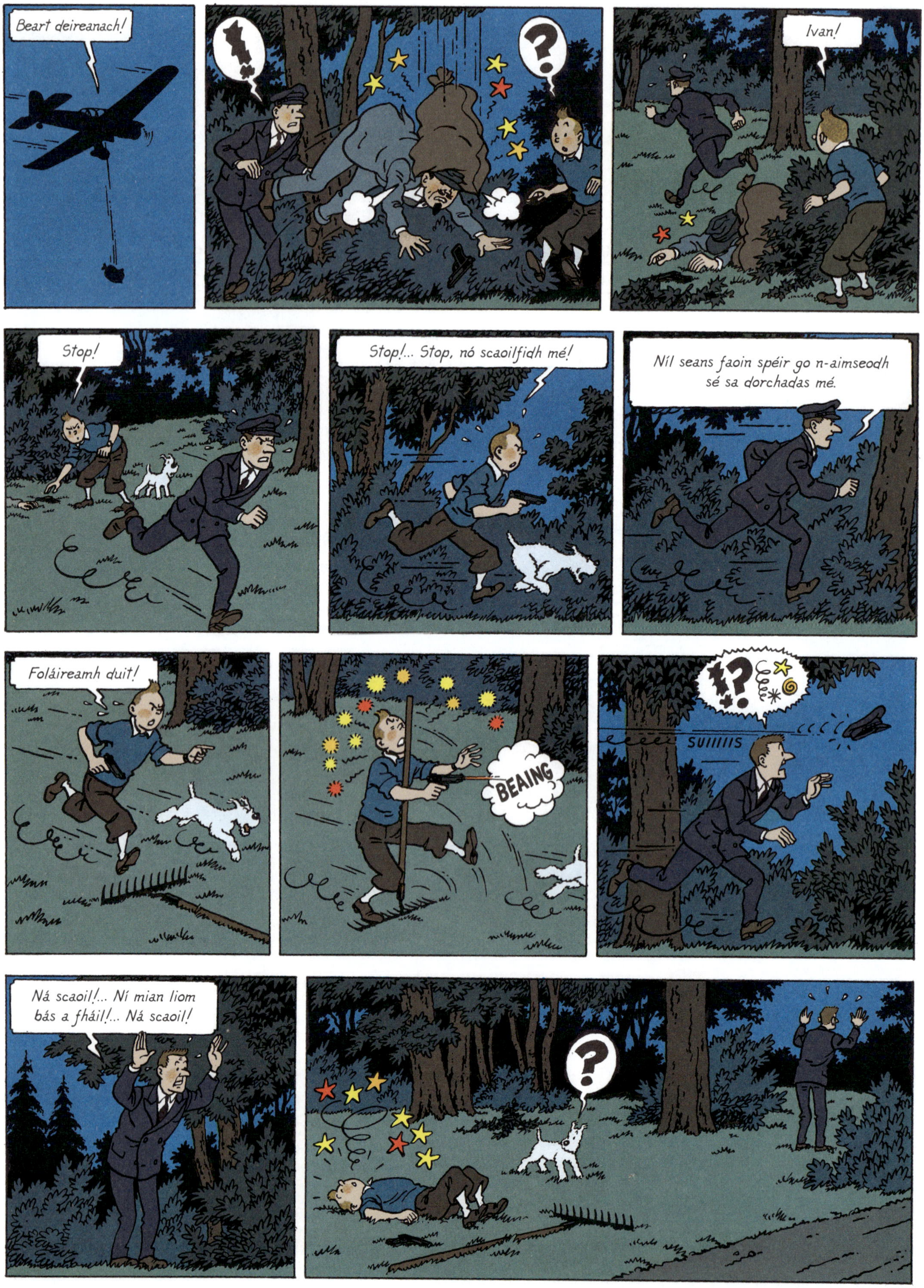

Beart deireanach!
Ivan!
Stop!
Stop!... Stop, nó scaoilfidh mé!
Níl seans faoin spéir go n-aimseodh sé sa dorchadas mé.
Foláireamh duit!
BEAING
SUIIIIS
Ná scaoil!... Ní mian liom bás a fháil!... Ná scaoil!

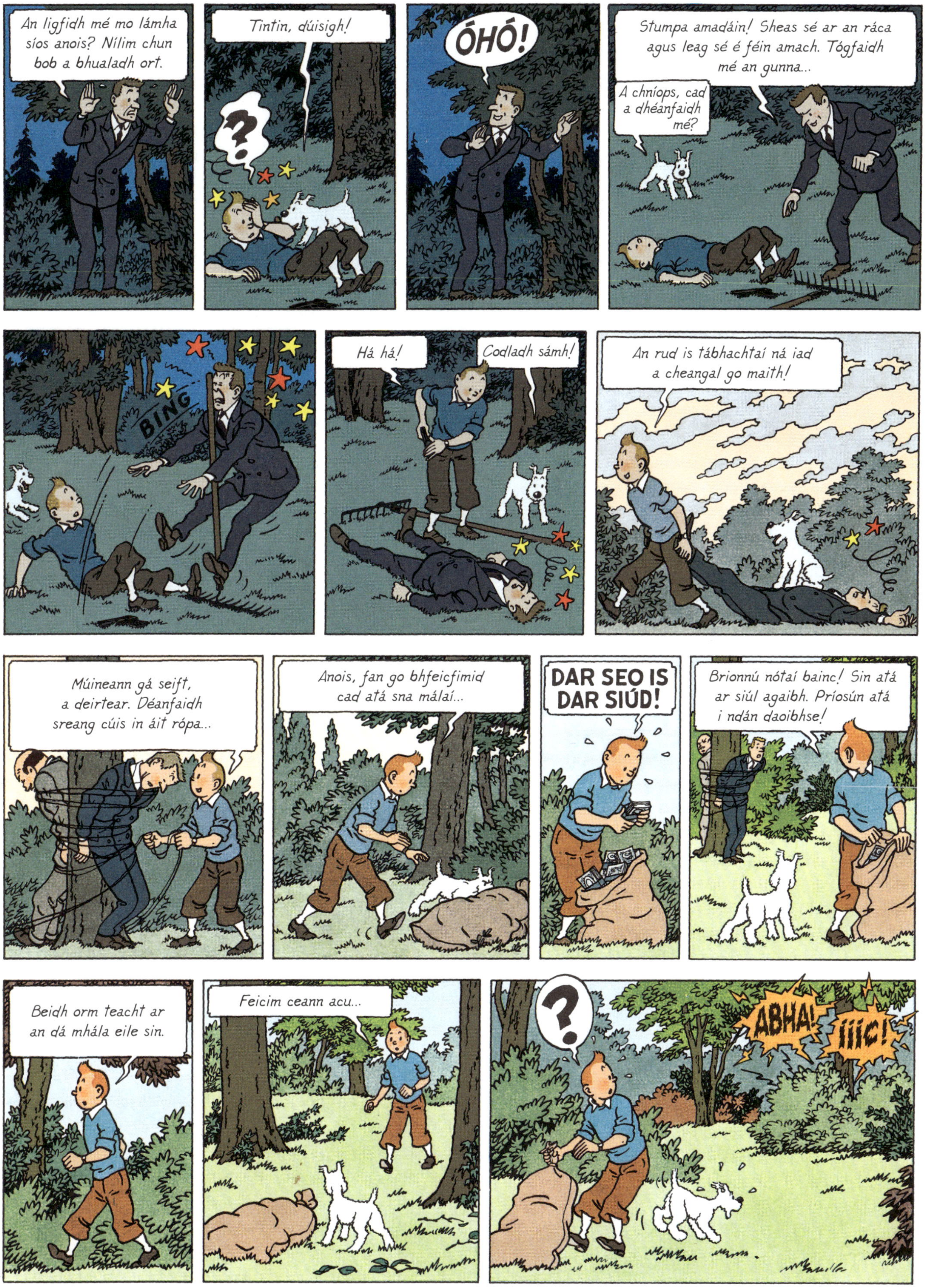
An ligfidh mé mo lámha síos anois? Nílim chun bob a bhualadh ort.
Tintin, dúisigh!
?
ÓHÓ!
Stumpa amadáin! Sheas sé ar an ráca agus leag sé é féin amach. Tógfaidh mé an gunna...
A chníops, cad a dhéanfaidh mé?
BING
Há há!
Codladh sámh!
An rud is tábhachtaí ná iad a cheangal go maith!
Múineann gá seift, a deirtear. Déanfaidh sreang cúis in áit rópa...
Anois, fan go bhfeicfimid cad atá sna málaí...
DAR SEO IS DAR SIÚD!
Brionnú nótaí bainc! Sin atá ar siúl agaibh. Príosún atá i ndán daoibhse!
Beidh orm teacht ar an dá mhála eile sin.
Feicim ceann acu...
?
ABHA!
¡¡¡C!

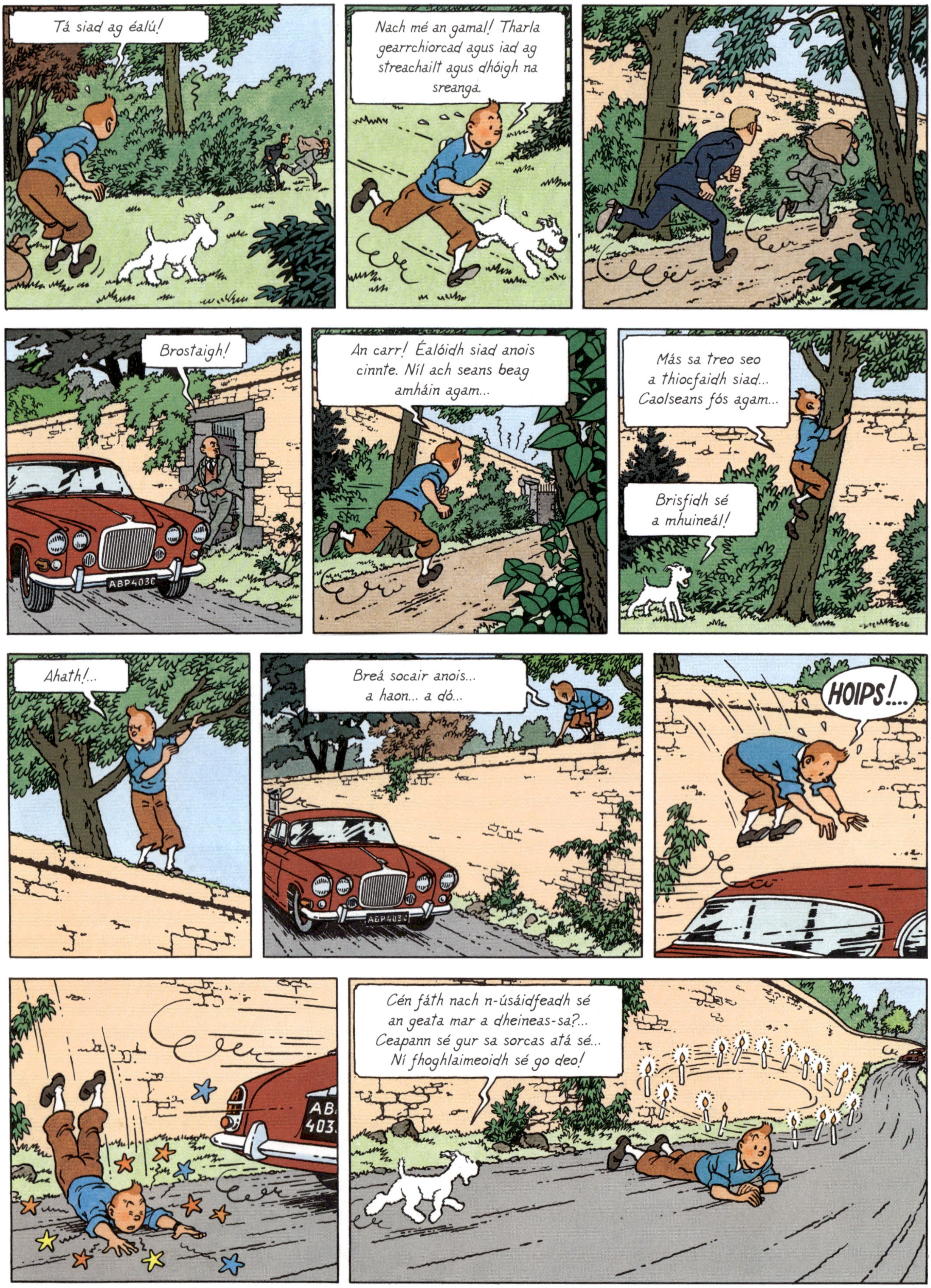

Tá siad ag éalú!
Nach mé an gamal! Tharla gearrchiorcad agus iad ag streachailt agus dhóigh na sreanga.
Brostaigh!
An carr! Éalóidh siad anois cinnte. Níl ach seans beag amháin agam...
Más sa treo seo a thiocfaidh siad... Caolseans fós agam...
Brisfidh sé a mhuineál!
Ahath!...
Breá socair anois... a haon... a dó...
HOIPS!...
Cén fáth nach n-úsáidfeadh sé an geata mar a dheineas-sa?... Ceapann sé gur sa sorcas atá sé... Ní fhoghlaimeoidh sé go deo!

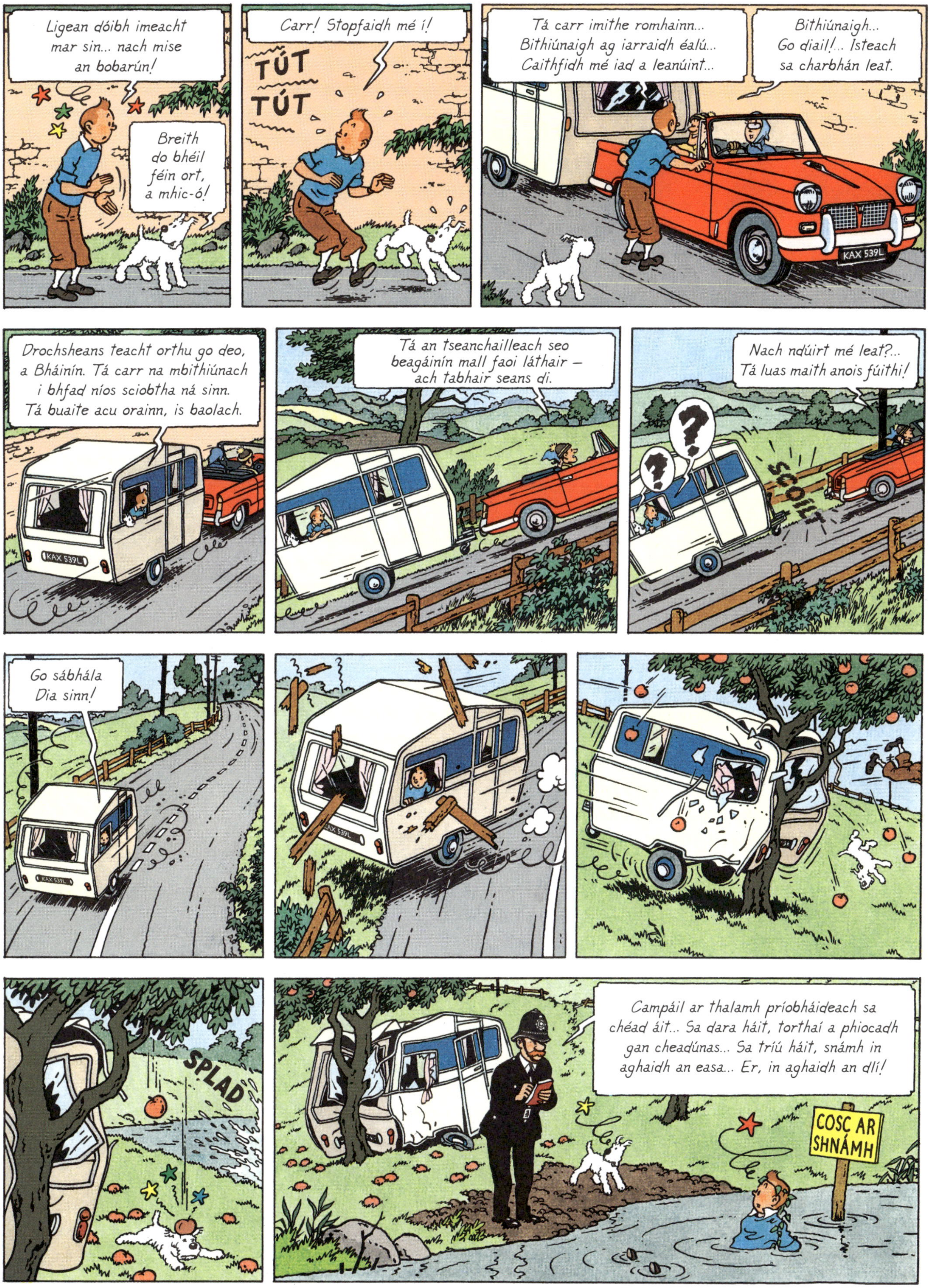
Ligean dóibh imeacht mar sin... nach mise an bobarún!
Breith do bhéil féin ort, a mhic-ó!
Carr! Stopfaidh mé í!
TÚT TÚT
Tá carr imithe romhainn... Bithiúnaigh ag iarraidh éalú... Caithfidh mé iad a leanúint...
Bithiúnaigh... Go diail!... Isteach sa charbhán leat.
KAX 539L
Drochsheans teacht orthu go deo, a Bháinín. Tá carr na mbithiúnach i bhfad níos sciobtha ná sinn. Tá buaite acu orainn, is baolach.
KAX 539L
Tá an tseanchailleach seo beagáinín mall faoi láthair – ach tabhair seans di.
Nach ndúirt mé leat?... Tá luas maith anois fúithi!
SCOLT
Go sábhála Dia sinn!
SPLAD
Campáil ar thalamh príobháideach sa chéad áit... Sa dara háit, torthaí a phiocadh gan cheadúnas... Sa tríú háit, snámh in aghaidh an easa... Er, in aghaidh an dlí!
COSC AR SHNÁMH

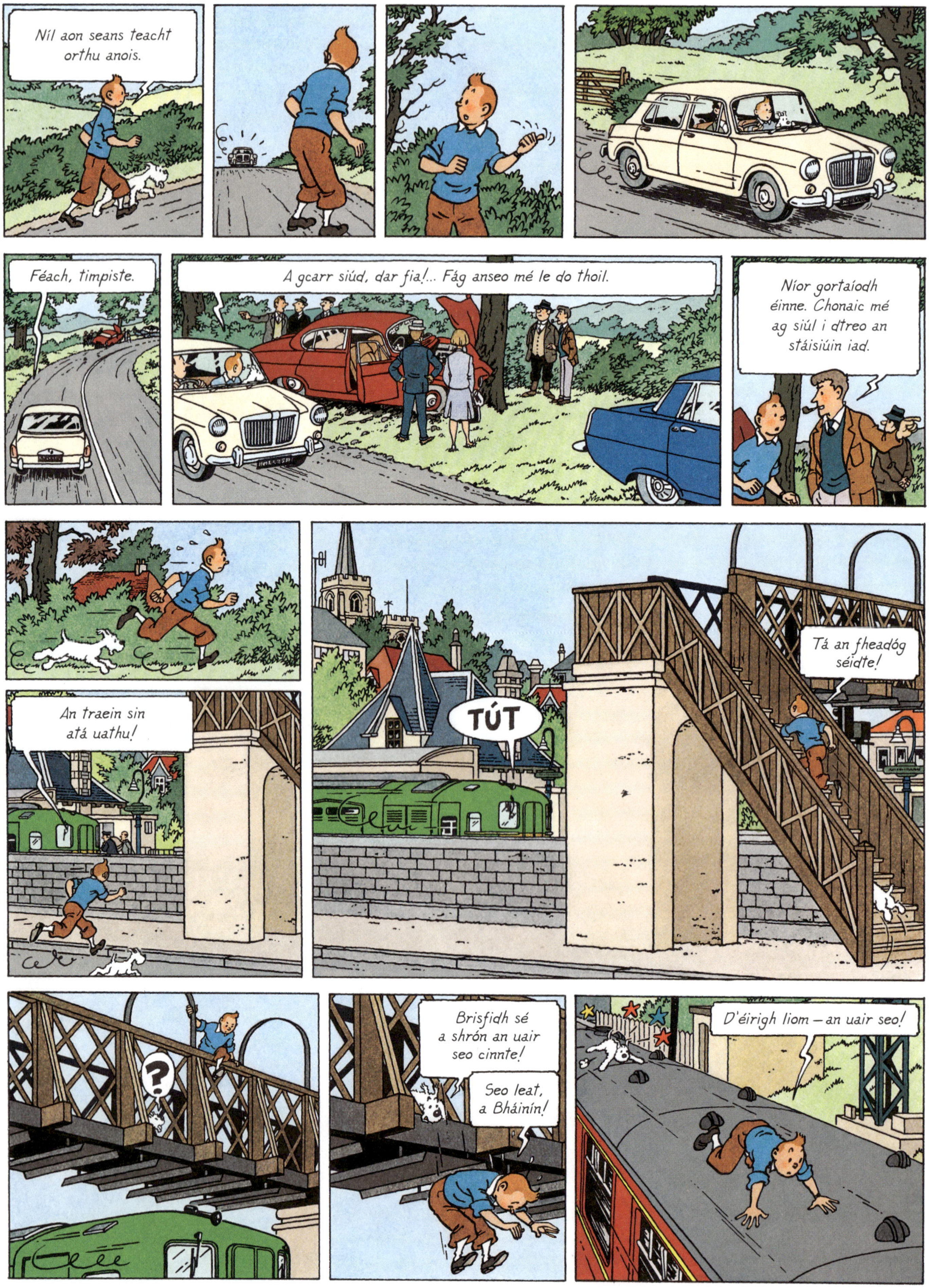
Níl aon seans teacht orthu anois.
Féach, timpiste.
A gcarr siúd, dar fia!... Fág anseo mé le do thoil.
Níor gortaíodh éinne. Chonaic mé ag siúl i dtreo an stáisiúin iad.
An traein sin atá uathu!
TÚT
Tá an fheadóg séidte!
Brisfidh sé a shrón an uair seo cinnte!
Seo leat, a Bháinín!
D'éirigh liom – an uair seo!

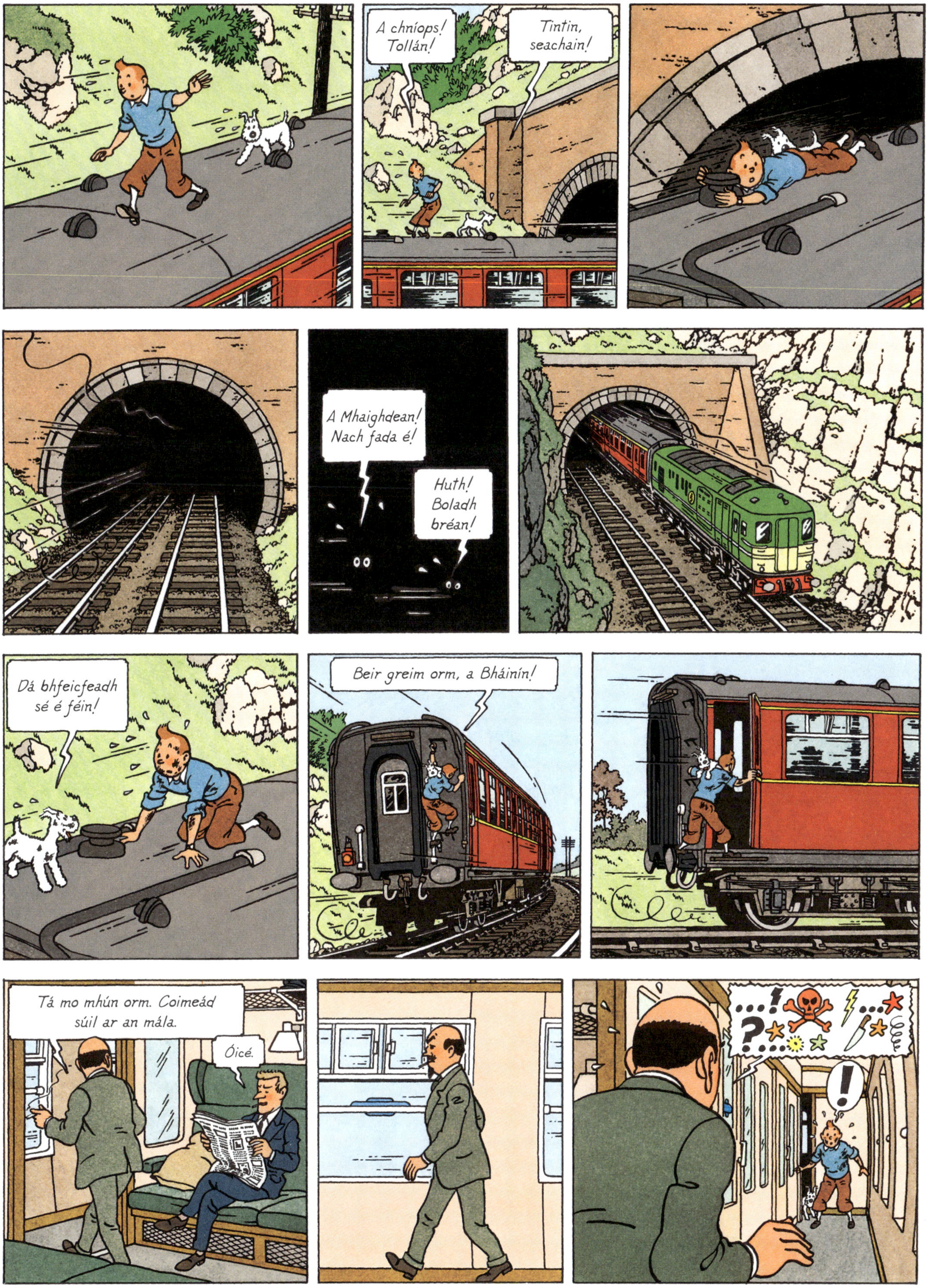
A chníops! Tollán!
Tintin, seachain!
A Mhaighdean! Nach fada é!
Huth! Boladh bréan!
Dá bhfeicfeadh sé é féin!
Beir greim orm, a Bháinín!
Tá mo mhún orm. Coimeád súil ar an mála.
Óicé.

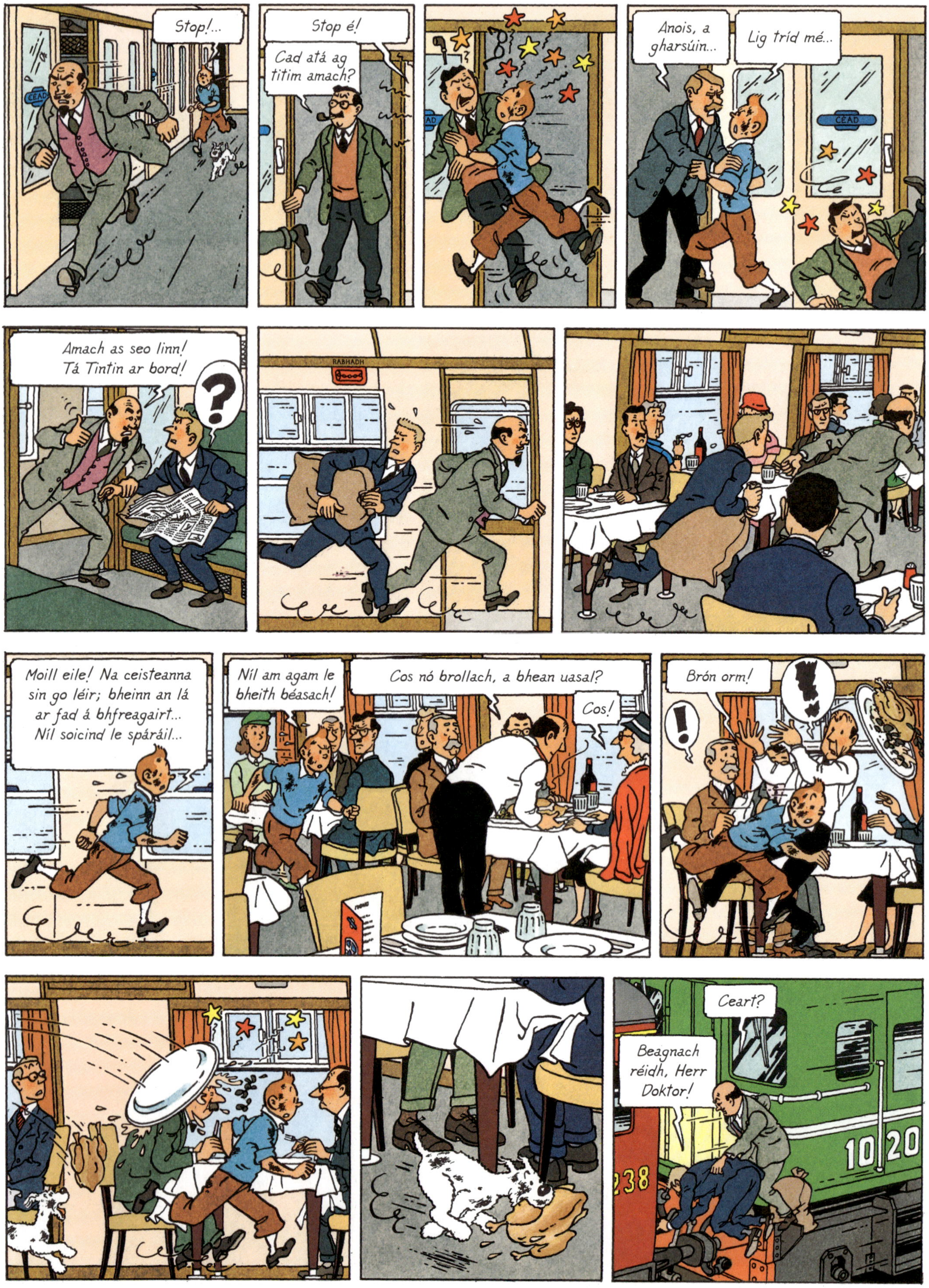
Stop!...
Stop é!
Cad atá ag titim amach?
Anois, a gharsúin...
Lig tríd mé...
CEAD
Amach as seo linn! Tá Tintin ar bord!
RABHADH
Moill eile! Na ceisteanna sin go léir; bheinn an lá ar fad á bhfreagairt... Níl soicind le spáráil...
Níl am agam le bheith béasach!
Cos nó brollach, a bhean uasal?
Cos!
Brón orm!
Ceart?
Beagnach réidh, Herr Doktor!

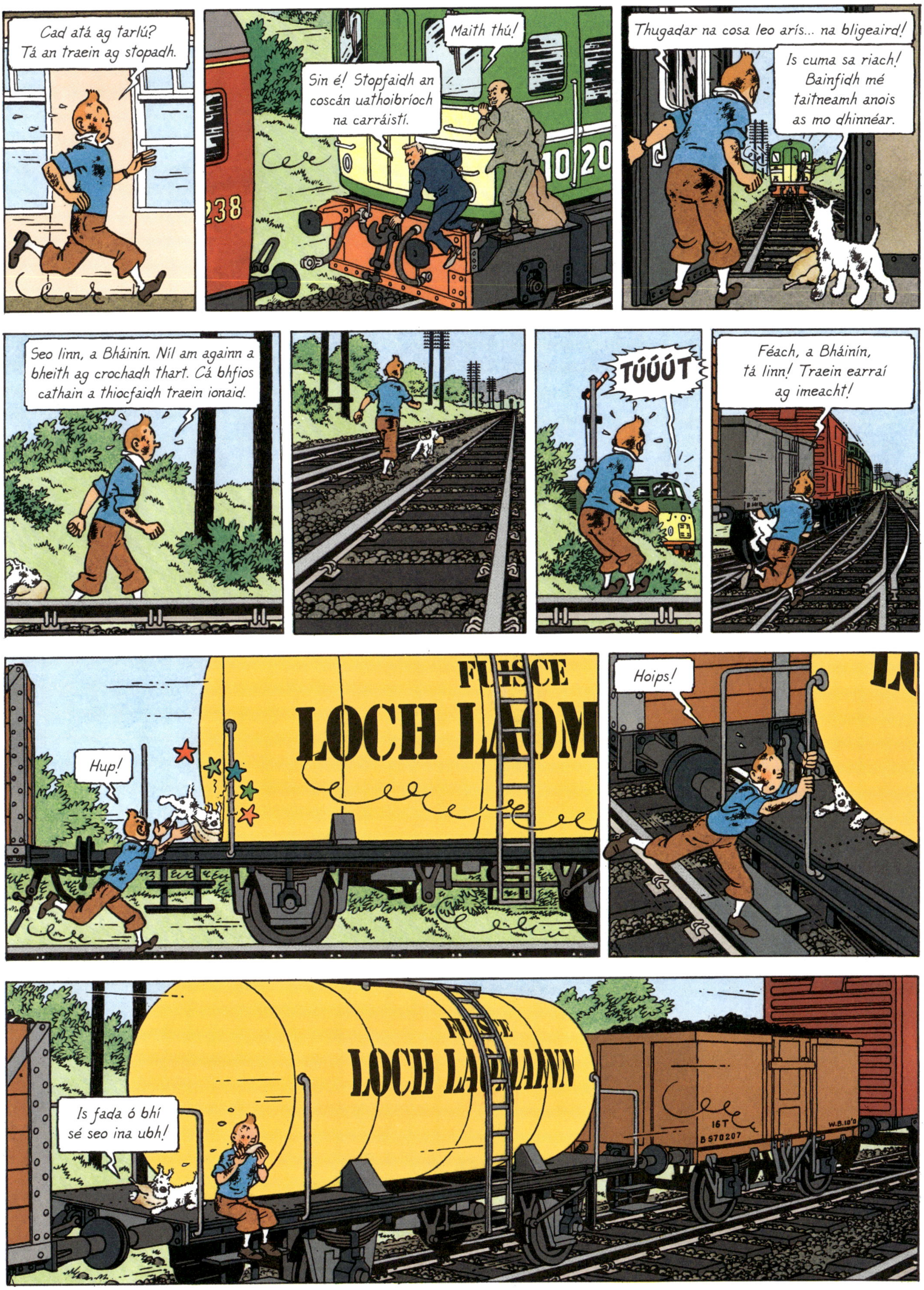
Cad atá ag tarlú? Tá an traein ag stopadh.
Maith thú!
Sin é! Stopfaidh an coscán uathoibríoch na carráistí.
10 20
238
Thugadar na cosa leo arís... na bligeairdí!
Is cuma sa riach! Bainfidh mé taitneamh anois as mo dhinnéar.
Seo linn, a Bháinín. Níl am againn a bheith ag crochadh thart. Cá bhfios cathain a thiocfaidh traein ionaid.
TÚÚÚT
Féach, a Bháinín, tá linn! Traein earraí ag imeacht!
FUISCE
LOCH LAOM
Hup!
Hoips!
FUISCE
LOCH LAOMAINN
Is fada ó bhí sé seo ina ubh!
16 T
B 570207

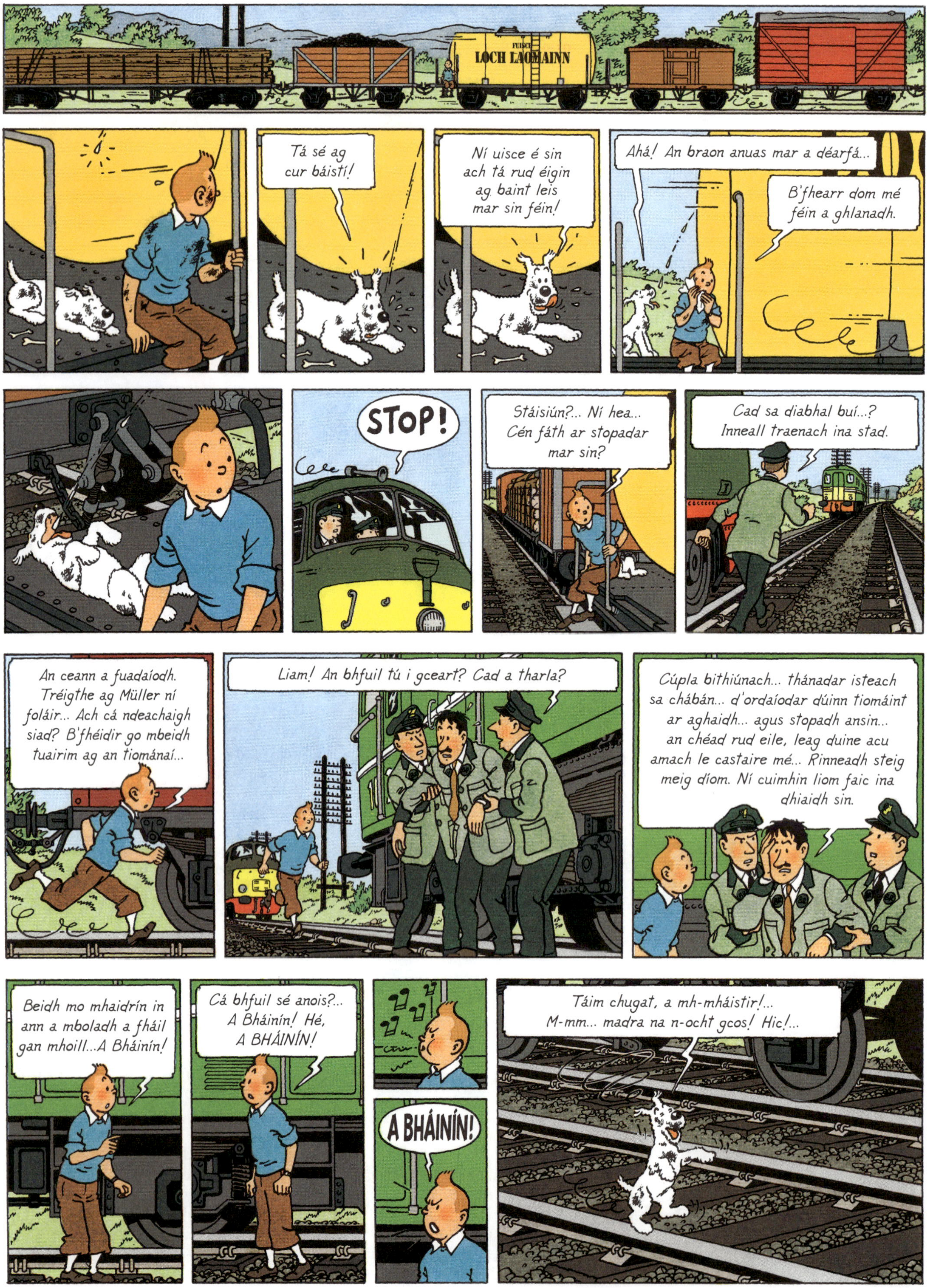
LOCH LAOMAINN
Tá sé ag cur báistí!
Ní uisce é sin ach tá rud éigin ag baint leis mar sin féin!
Ahá! An braon anuas mar a déarfá...
B'fhearr dom mé féin a ghlanadh.
STOP!
Stáisiún?... Ní hea... Cén fáth ar stopadar mar sin?
Cad sa diabhal buí...? Inneall traenach ina stad.
An ceann a fuadaíodh. Tréigthe ag Müller ní foláir... Ach cá ndeachaigh siad? B'fhéidir go mbeidh tuairim ag an tiománaí...
Liam! An bhfuil tú i gceart? Cad a tharla?
Cúpla bithiúnach... thánadar isteach sa chábán... d'ordaíodar dúinn tiomáint ar aghaidh... agus stopadh ansin... an chéad rud eile, leag duine acu amach le castaire mé... Rinneadh steig meig díom. Ní cuimhin liom faic ina dhiaidh sin.
Beidh mo mhaidrín in ann a mboladh a fháil gan mhoill...A Bháinín!
Cá bhfuil sé anois?... A Bháinín! Hé, A BHÁINÍN!
A BHÁINÍN!
Táim chugat, a mh-mháistir!... M-mm... madra na n-ocht gcos! Hic!...

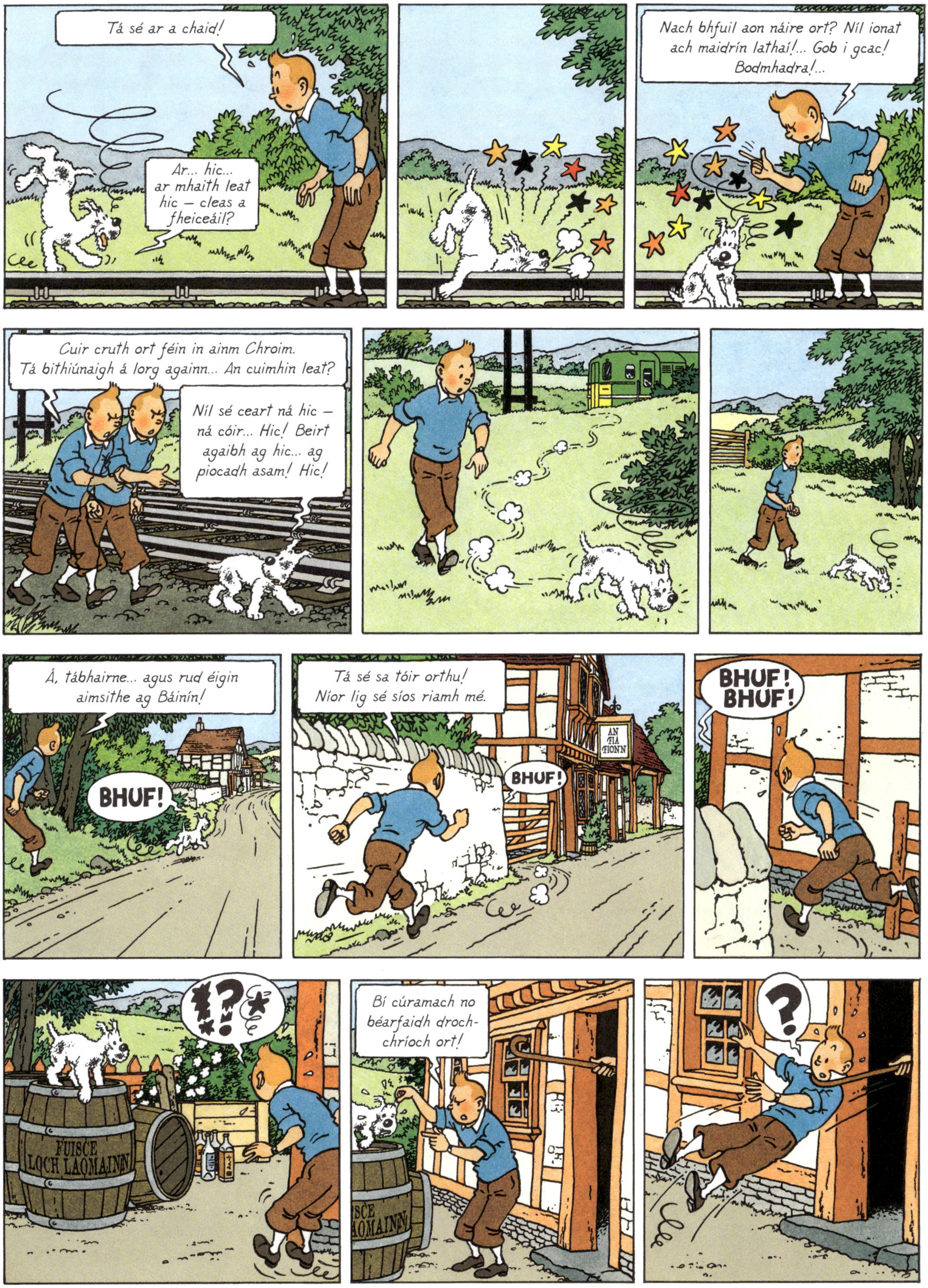
Tá sé ar a chaid!
Ar... hic... ar mhaith leat hic – cleas a fheiceáil?
Nach bhfuil aon náire ort? Níl ionat ach maidrín lathaí!... Gob i gcac! Bodmhadra!...
Cuir cruth ort féin in ainm Chroim. Tá bithiúnaigh á lorg againn... An cuimhin leat?
Níl sé ceart ná hic – ná cóir... Hic! Beirt agaibh ag hic... ag piocadh asam! Hic!
Á, tábhairne... agus rud éigin aimsithe ag Báinín!
BHUF!
Tá sé sa tóir orthu! Níor lig sé síos riamh mé.
AN TIA FIONN
BHUF!
BHUF! BHUF!
FUISCE LOCH LAOMAINN
Bí cúramach no béarfaidh droch-chríoch ort!
?

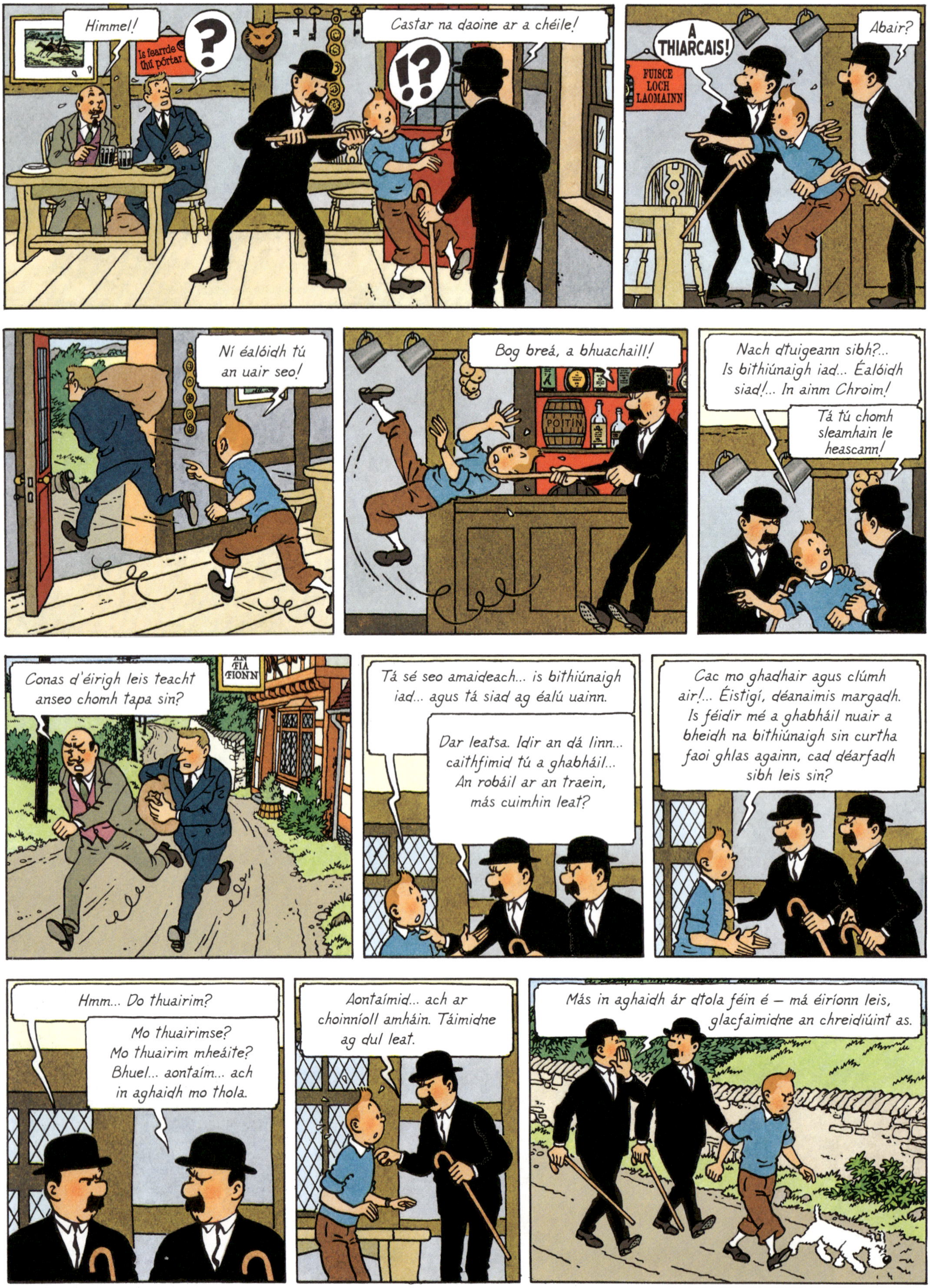
Himmel!
Is fearrde thú pórtar
?
Castar na daoine ar a chéile!
!?
A THIARCAIS!
FUISCE LOCH LAOMAINN
Abair?
Ní éalóidh tú an uair seo!
Bog breá, a bhuachaill!
POITÍN
Nach dtuigeann sibh?... Is bithiúnaigh iad... Éalóidh siad!... In ainm Chroim!
Tá tú chomh sleamhain le heascann!
AN TIA FIONN
Conas d'éirigh leis teacht anseo chomh tapa sin?
Tá sé seo amaideach... is bithiúnaigh iad... agus tá siad ag éalú uainn.
Dar leatsa. Idir an dá linn... caithfimid tú a ghabháil... An robáil ar an traein, más cuimhin leat?
Cac mo ghadhair agus clúmh air!... Éistigí, déanaimis margadh. Is féidir mé a ghabháil nuair a bheidh na bithiúnaigh sin curtha faoi ghlas againn, cad déarfadh sibh leis sin?
Hmm... Do thuairim?
Mo thuairimse? Mo thuairim mheáite? Bhuel... aontaím... ach in aghaidh mo thola.
Aontaímid... ach ar choinníoll amháin. Táimidne ag dul leat.
Más in aghaidh ár dtola féin é — má éiríonn leis, glacfaimidne an chreidiúint as.

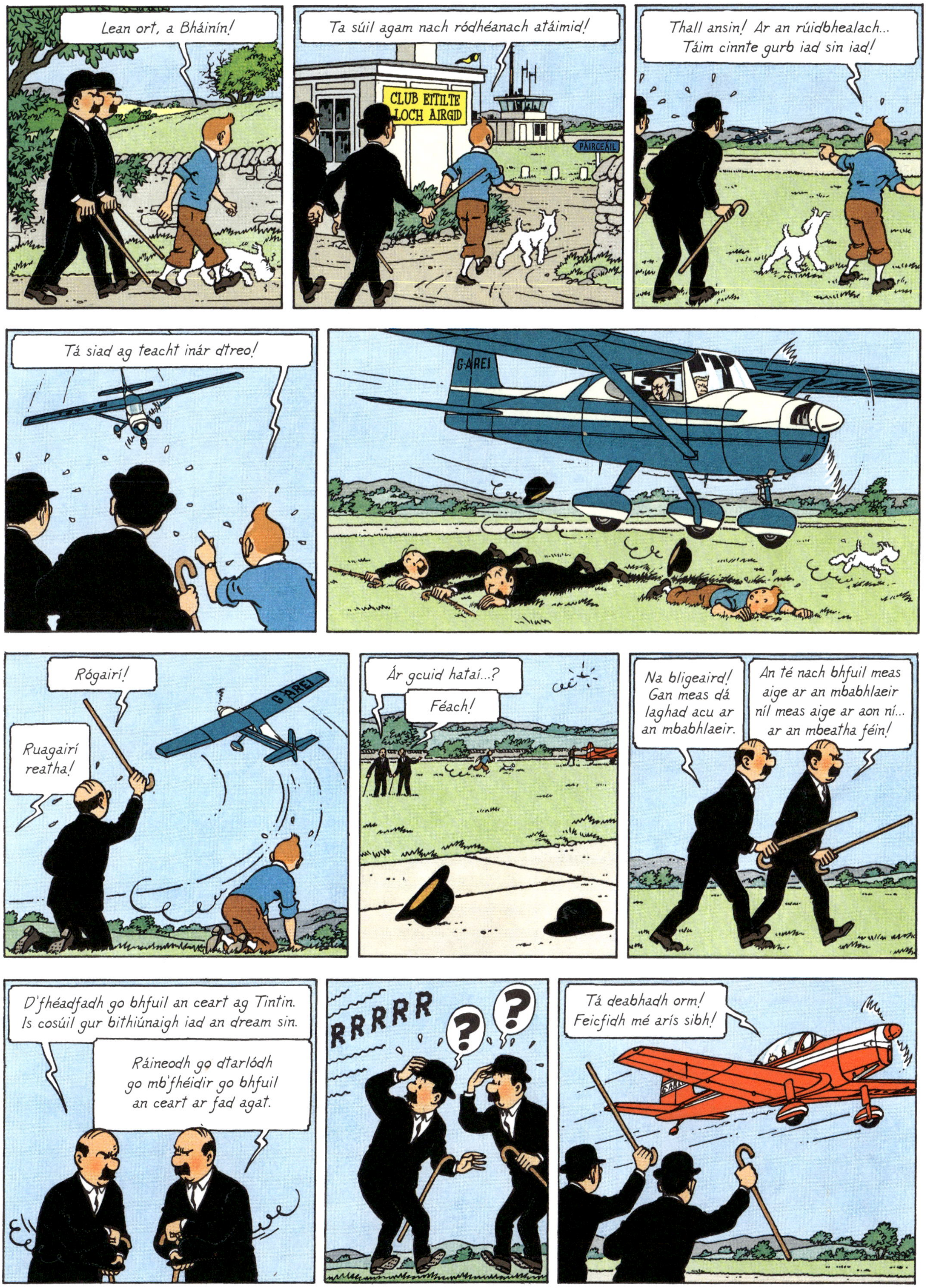
Lean ort, a Bháinín!
Ta súil agam nach ródhéanach atáimid!
CLUB EITILTE LOCH AIRGID
PÁIRCEAIL
Thall ansin! Ar an rúidbhealach... Táim cinnte gurb iad sin iad!
Tá siad ag teacht inár dtreo!
G-AREI
Rógairí!
Ruagairí reatha!
G-AREI
Ár gcuid hataí...?
Féach!
Na bligeaird! Gan meas dá laghad acu ar an mbabhlaeir.
An té nach bhfuil meas aige ar an mbabhlaeir níl meas aige ar aon ní... ar an mbeatha féin!
D'fhéadfadh go bhfuil an ceart ag Tintin. Is cosúil gur bithiúnaigh iad an dream sin.
Ráineodh go dtarlódh go mb'fhéidir go bhfuil an ceart ar fad agat.
RRRRR
?
?
Tá deabhadh orm! Feicfidh mé arís sibh!

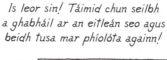

Seo linn ina dhiaidh! Tá meaisín eile thall ansin... Féach!

Is póilíní sinn... Dúisigh an t-inneall agus lean an t-eitleán eile sin!

Ach, ní...

Is leor sin! Táimid chun seilbh a ghabháil ar an eitleán seo agus beidh tusa mar phíolóta againn!

Póilíní... Soiléir?

Ar lán na scóige!

Ná bac leis an... er... leis an gcleaseitilt!

T-t-tá brón orm... T-t-táim ag déanamh mo dhíchill... Seo an chéad uair dom ag-ag-ag ag eitilt... Níl ionamsa ach meic-meic- meicneoir.

Sin iad romhainn anois iad...

Sin an eagla a bhí orm... scamaill...

Léargas lofa... Níl aon radharc orthu.

Beidh orainn tuirlingt... Ar an gcósta áit éigin... seachas sa sáile.

Ní fhéachann sé rógharbh. Bainfidh mé triail as...

Balla! Mallacht air!

CRAIC

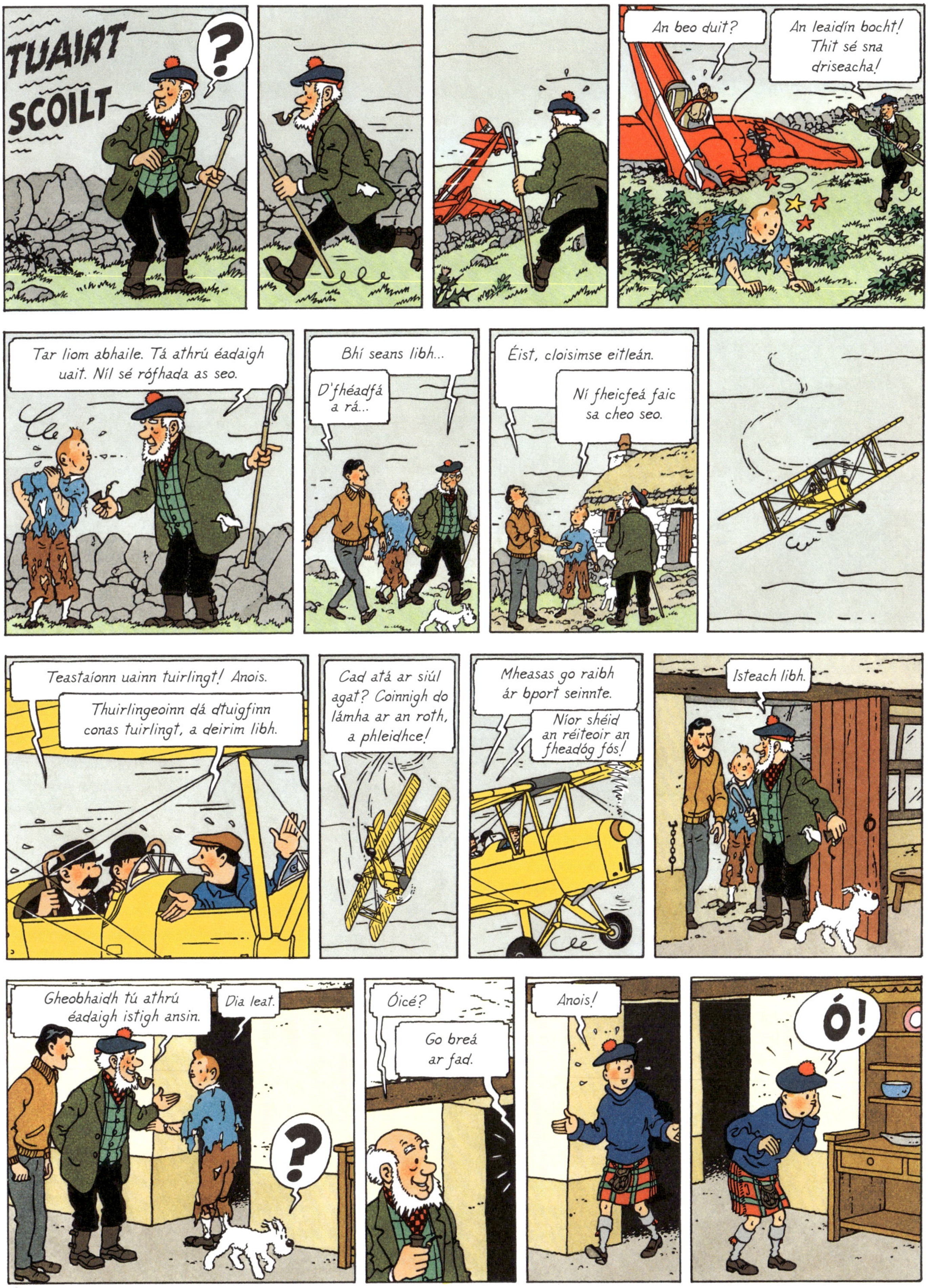

TUAIRT
SCOILT
?
An beo duit?
An leaidín bocht! Thit sé sna driseacha!
Tar liom abhaile. Tá athrú éadaigh uait. Níl sé rófhada as seo.
Bhí seans libh...
D'fhéadfá a rá...
Éist, cloisimse eitleán.
Ní fheicfeá faic sa cheo seo.
Teastaíonn uainn tuirlingt! Anois.
Thuirlingeoinn dá dtuigfinn conas tuirlingt, a deirim libh.
Cad atá ar siúl agat? Coinnigh do lámha ar an roth, a phleidhce!
Mheasas go raibh ár bport seinnte.
Níor shéid an réiteoir an fheadóg fós!
Isteach libh.
Gheobhaidh tú athrú éadaigh istigh ansin.
Dia leat.
?
Óicé?
Go breá ar fad.
Anois!
Ó!

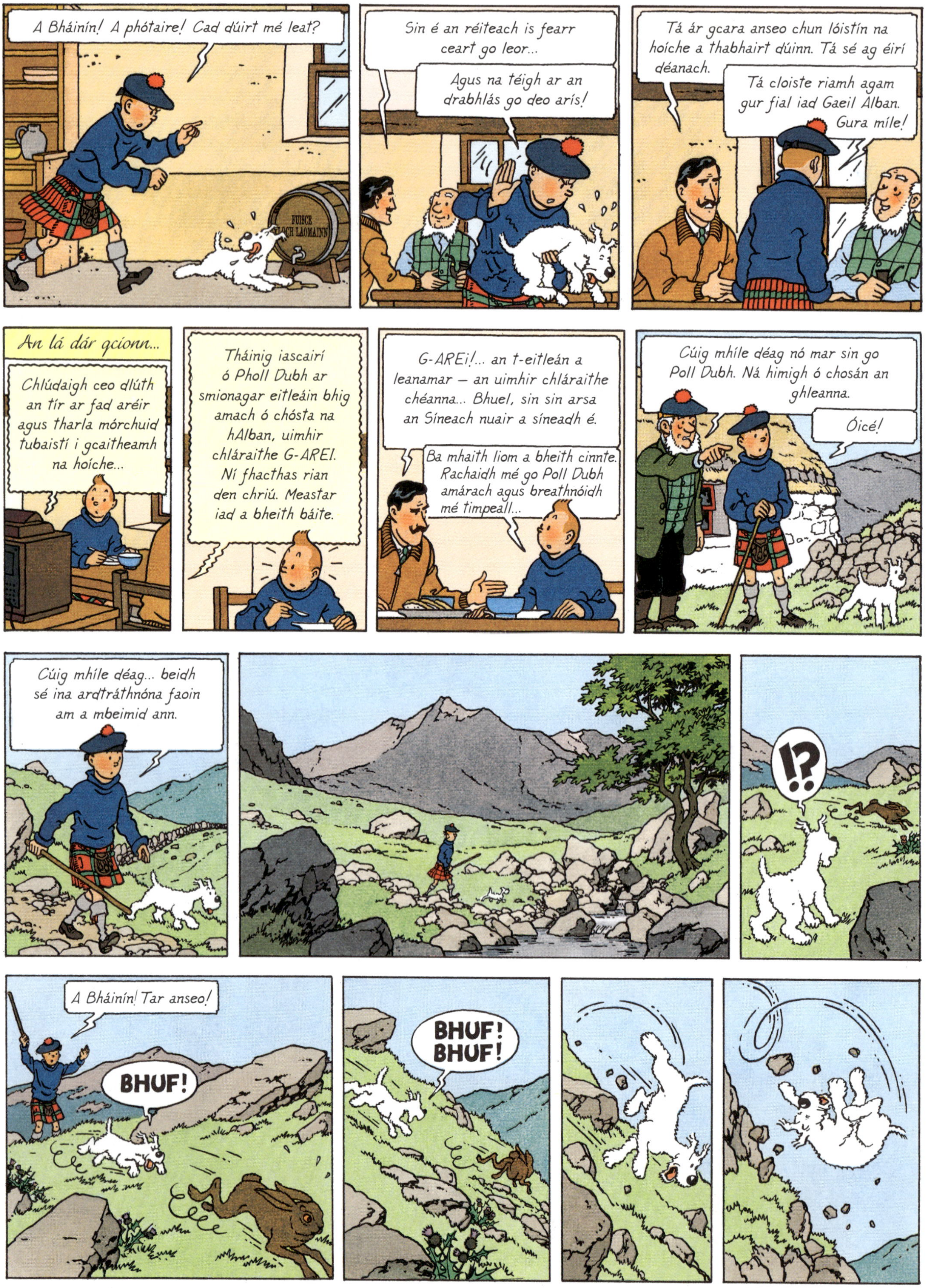
A Bháinín! A phótaire! Cad dúirt mé leat?
Sin é an réiteach is fearr ceart go leor...
Agus na téigh ar an drabhlás go deo arís!
FUISCE LOCH LAOMAINN
Tá ár gcara anseo chun lóistín na hoíche a thabhairt dúinn. Tá sé ag éirí déanach.
Tá cloiste riamh agam gur fial iad Gaeil Alban. Gura míle!
An lá dár gcionn...
Chlúdaigh ceo dlúth an tír ar fad aréir agus tharla mórchuid tubaistí i gcaitheamh na hoíche...
Tháinig iascairí ó Pholl Dubh ar smionagar eitleáin bhig amach ó chósta na hAlban, uimhir chláraithe G-AREI. Ní fhacthas rian den chriú. Meastar iad a bheith báite.
G-AREI!... an t-eitleán a leanamar – an uimhir chláraithe chéanna... Bhuel, sin sin arsa an Síneach nuair a síneadh é.
Ba mhaith liom a bheith cinnte. Rachaidh mé go Poll Dubh amárach agus breathnóidh mé timpeall...
Cúig mhíle déag nó mar sin go Poll Dubh. Ná himigh ó chosán an ghleanna.
Óicé!
Cúig mhíle déag... beidh sé ina ardtráthnóna faoin am a mbeimid ann.
!?
A Bháinín! Tar anseo!
BHUF!
BHUF! BHUF!

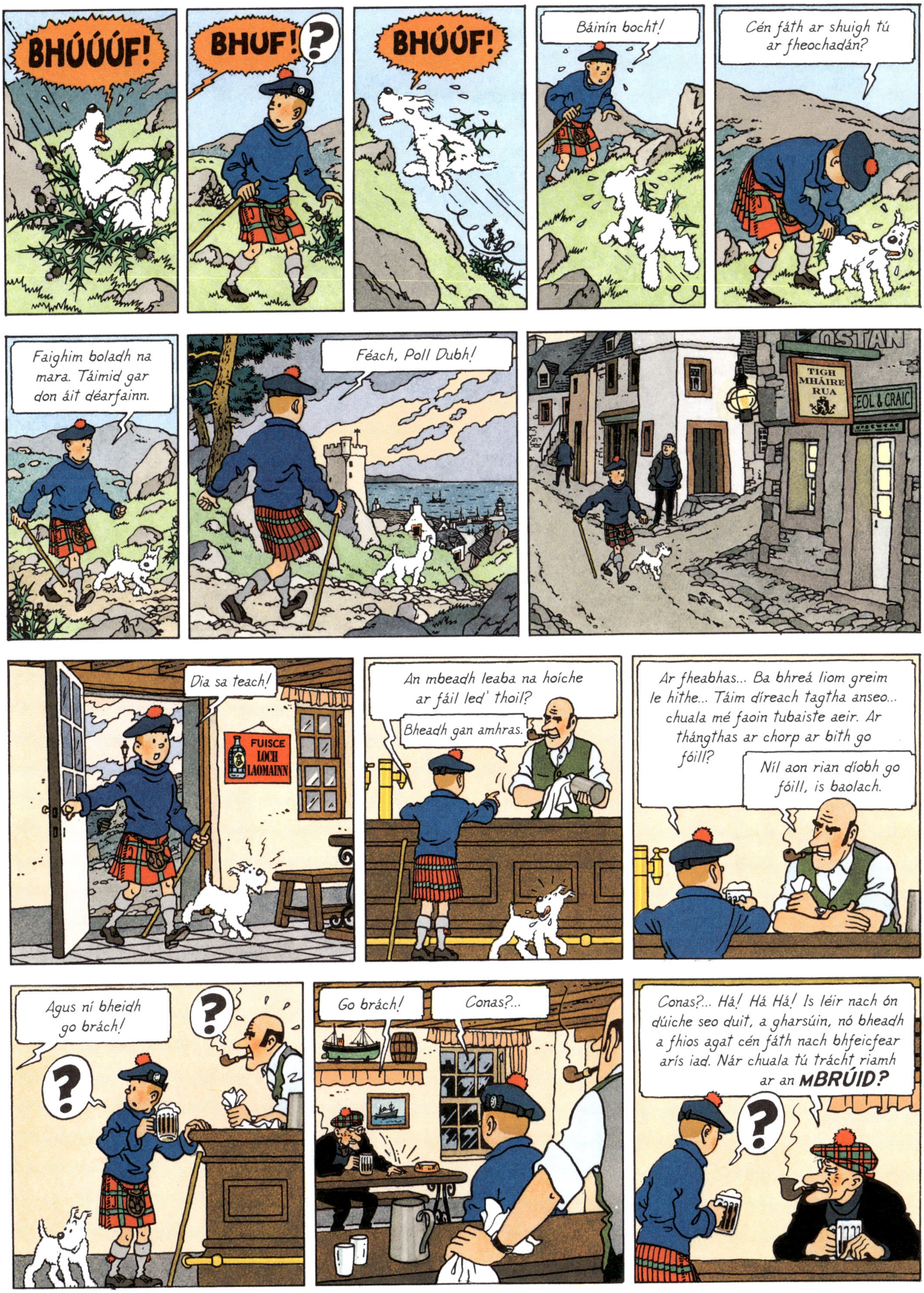
BHÚÚÚF!
BHUF!
?
BHÚÚF!
Báinín bocht!
Cén fáth ar shuigh tú ar fheochadán?
Faighim boladh na mara. Táimid gar don áit déarfainn.
Féach, Poll Dubh!
ÓSTAN
TIGH MHÁIRE RUA
CEOL & CRAIC
Dia sa teach!
FUISCE LOCH LAOMAINN
An mbeadh leaba na hoíche ar fáil led' thoil?
Bheadh gan amhras.
Ar fheabhas... Ba bhreá liom greim le hithe... Táim díreach tagtha anseo... chuala mé faoin tubaiste aeir. Ar thángthas ar chorp ar bith go fóill?
Níl aon rian díobh go fóill, is baolach.
Agus ní bheidh go brách!
?
?
Go brách!
Conas?...
Conas?... Há! Há Há! Is léir nach ón dúiche seo duit, a gharsúin, nó bheadh a fhios agat cén fáth nach bhfeicfear arís iad. Nár chuala tú trácht riamh ar an MBRÚID?
?

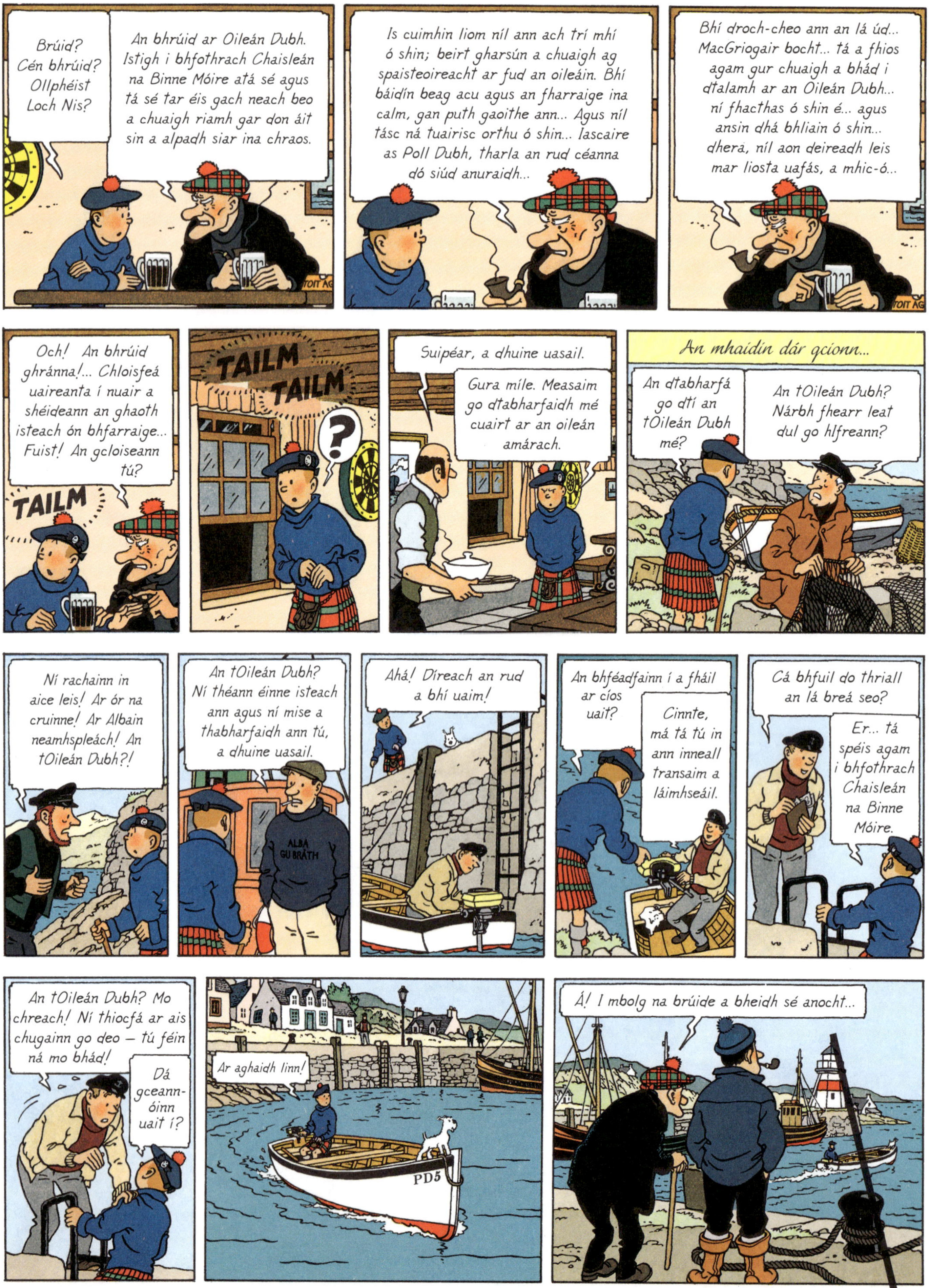

Brúid? Cén bhrúid? Ollphéist Loch Nis?
An bhrúid ar Oileán Dubh. Istigh i bhfothrach Chaisleán na Binne Móire atá sé agus tá sé tar éis gach neach beo a chuaigh riamh gar don áit sin a alpadh siar ina chraos.
Is cuimhin liom níl ann ach trí mhí ó shin; beirt gharsún a chuaigh ag spaisteoireacht ar fud an oileáin. Bhí báidín beag acu agus an fharraige ina calm, gan puth gaoithe ann... Agus níl tásc ná tuairisc orthu ó shin... Iascaire as Poll Dubh, tharla an rud céanna dó siúd anuraidh...
Bhí droch-cheo ann an lá úd... MacGriogair bocht... tá a fhios agam gur chuaigh a bhád i dtalamh ar an Oileán Dubh... ní fhacthas ó shin é... agus ansin dhá bhliain ó shin... dhera, níl aon deireadh leis mar liosta uafás, a mhic-ó...
Och! An bhrúid ghránna!... Chloisfeá uaireanta í nuair a shéideann an ghaoth isteach ón bhfarraige... Fuist! An gcloiseann tú?
TAILM
TAILM
TAILM
?
Suipéar, a dhuine uasail.
Gura míle. Measaim go dtabharfaidh mé cuairt ar an oileán amárach.
An mhaidin dár gcionn...
An dtabharfá go dtí an tOileán Dubh mé?
An tOileán Dubh? Nárbh fhearr leat dul go hIfreann?
Ní rachainn in aice leis! Ar ór na cruinne! Ar Albain neamhspleách! An tOileán Dubh?!
An tOileán Dubh? Ní théann éinne isteach ann agus ní mise a thabharfaidh ann tú, a dhuine uasail.
ALBA GU BRÀTH
Ahá! Díreach an rud a bhí uaim!
An bhféadfainn í a fháil ar cíos uait?
Cinnte, má tá tú in ann inneall transaim a láimhseáil.
Cá bhfuil do thriall an lá breá seo?
Er... tá spéis agam i bhfothrach Chaisleán na Binne Móire.
An tOileán Dubh? Mo chreach! Ní thiocfá ar ais chugainn go deo — tú féin ná mo bhád!
Dá gceannóinn uait í?
Ar aghaidh linn!
PD5
Á! I mbolg na brúide a bheidh sé anocht...

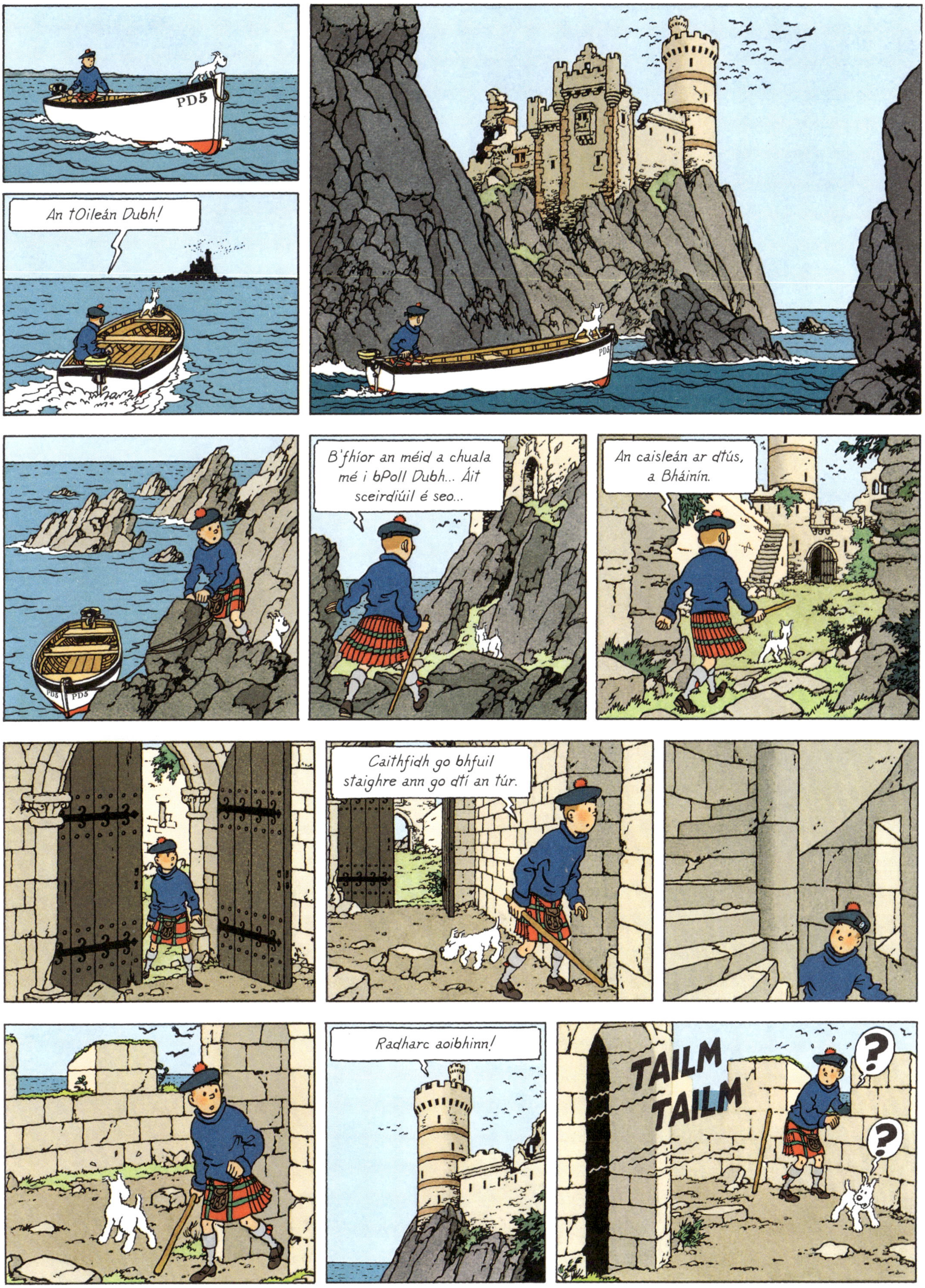
PD5
An tOileán Dubh!
B'fhíor an méid a chuala mé i bPoll Dubh... Áit sceirdiúil é seo...
An caisleán ar dtús, a Bháinín.
Caithfidh go bhfuil staighre ann go dtí an túr.
Radharc aoibhinn!
TAILM
TAILM
?
?

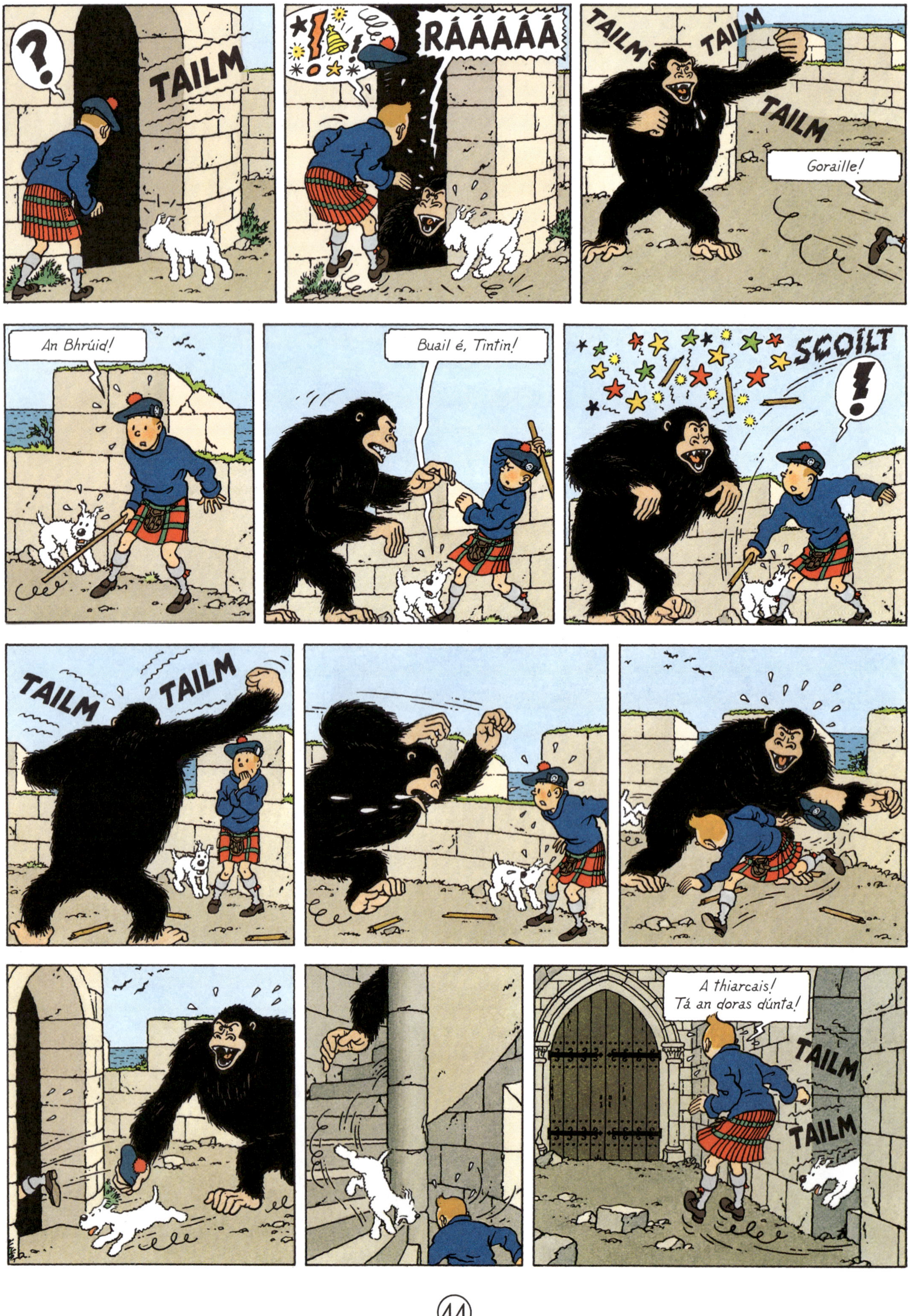
?
TAILM
RÁÁÁÁÁ
TAILM
TAILM
TAILM
Goraille!
An Bhrúid!
Buail é, Tintin!
SCOÍLT
!
TAILM
TAILM
A thiarcais!
Tá an doras dúnta!
TAILM
TAILM

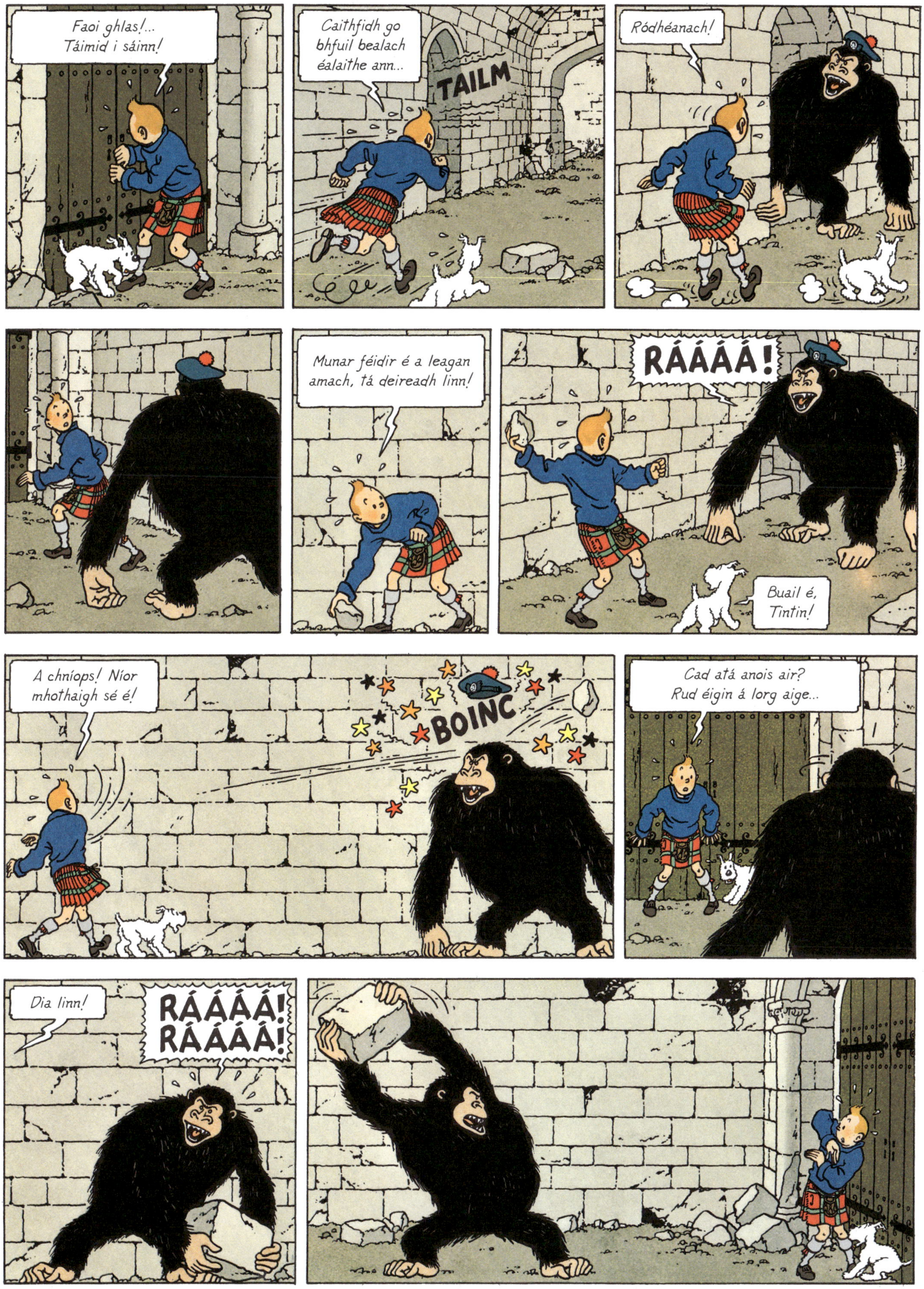
Faoi ghlas!... Táimid i sáinn!
Caithfidh go bhfuil bealach éalaithe ann...
TAILM
Ródhéanach!
Munar féidir é a leagan amach, tá deireadh linn!
RÁÁÁÁ!
Buail é, Tintin!
A chníops! Níor mhothaigh sé é!
BOINC
Cad atá anois air? Rud éigin á lorg aige...
Dia linn!
RÁÁÁÁ! RÁÁÁÁ!

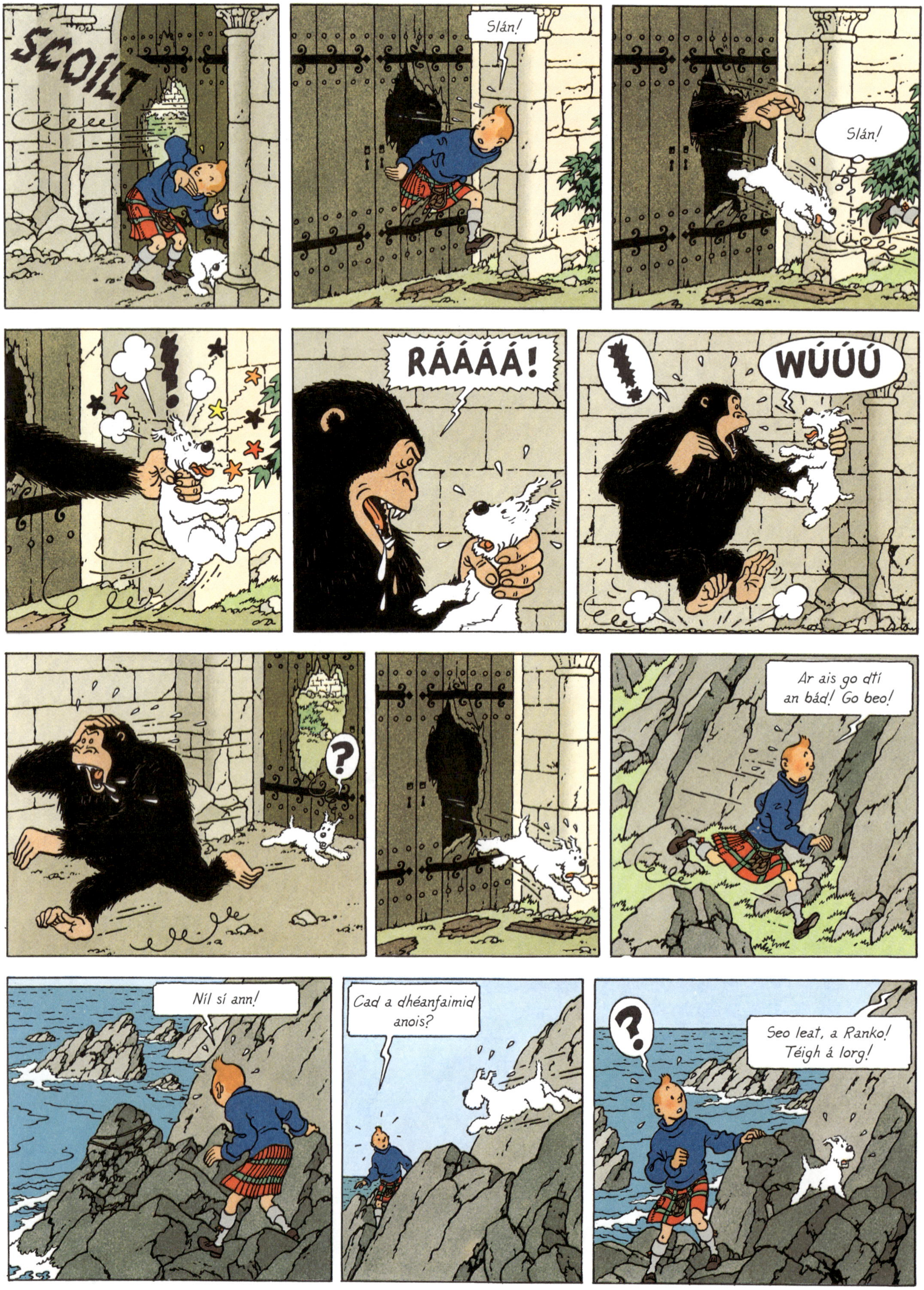
SCOILT
Slán!
Slán!
RÁÁÁÁ!
WÚÚÚ
Ar ais go dtí an bád! Go beo!
Níl sí ann!
Cad a dhéanfaimid anois?
Seo leat, a Ranko! Téigh á lorg!

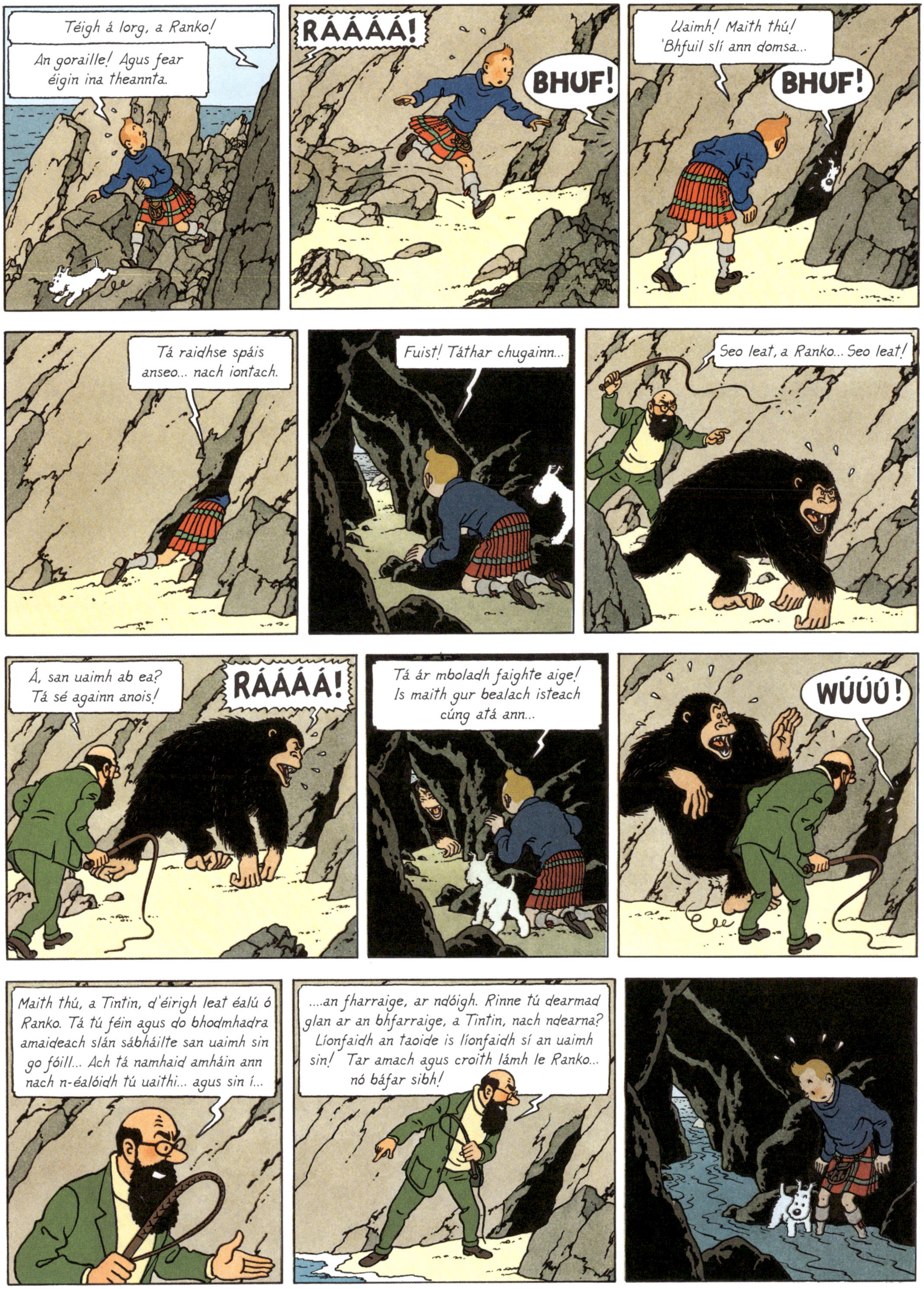

Téigh á lorg, a Ranko!
An goraille! Agus fear éigin ina theannta.
RÁÁÁÁ!
BHUF!
Uaimh! Maith thú! 'Bhfuil slí ann domsa...
BHUF!
Tá raidhse spáis anseo... nach iontach.
Fuist! Táthar chugainn...
Seo leat, a Ranko... Seo leat!
Á, san uaimh ab ea? Tá sé againn anois!
RÁÁÁÁ!
Tá ár mboladh faighte aige! Is maith gur bealach isteach cúng atá ann...
WÚÚÚ!
Maith thú, a Tintin, d'éirigh leat éalú ó Ranko. Tá tú féin agus do bhodmhadra amaideach slán sábháilte san uaimh sin go fóill... Ach tá namhaid amháin ann nach n-éalóidh tú uaithi... agus sin í...
...an fharraige, ar ndóigh. Rinne tú dearmad glan ar an bhfarraige, a Tintin, nach ndearna? Líonfaidh an taoide is líonfaidh sí an uaimh sin! Tar amach agus croith lámh le Ranko... nó báfar sibh!

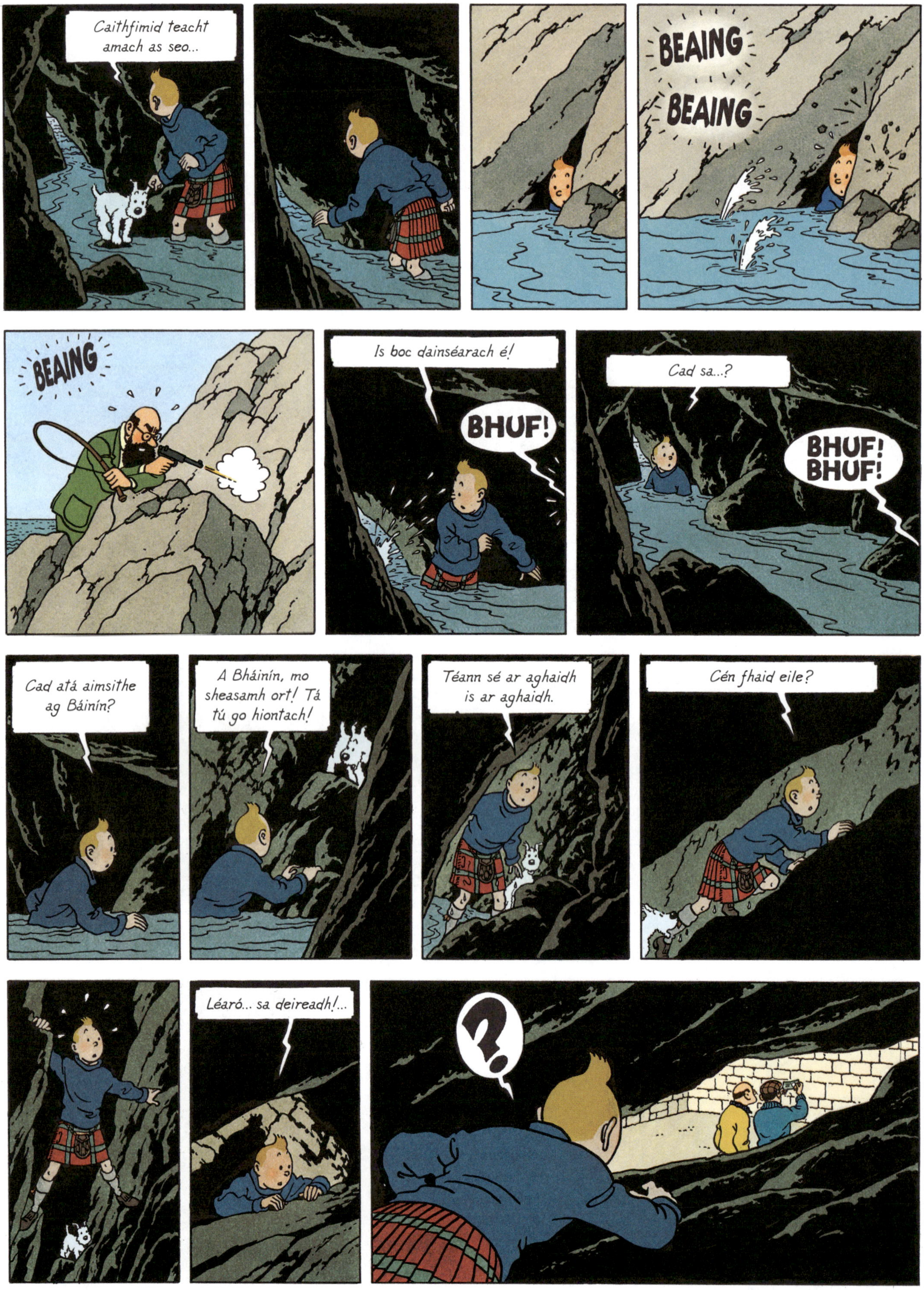
Caithfimid teacht amach as seo...
BEAING
BEAING
BEAING
Is boc dainséarach é!
BHUF!
Cad sa...?
BHUF! BHUF!
Cad atá aimsithe ag Báinín?
A Bháinín, mo sheasamh ort! Tá tú go hiontach!
Téann sé ar aghaidh is ar aghaidh.
Cén fhaid eile?
Léaró... sa deireadh!...
?

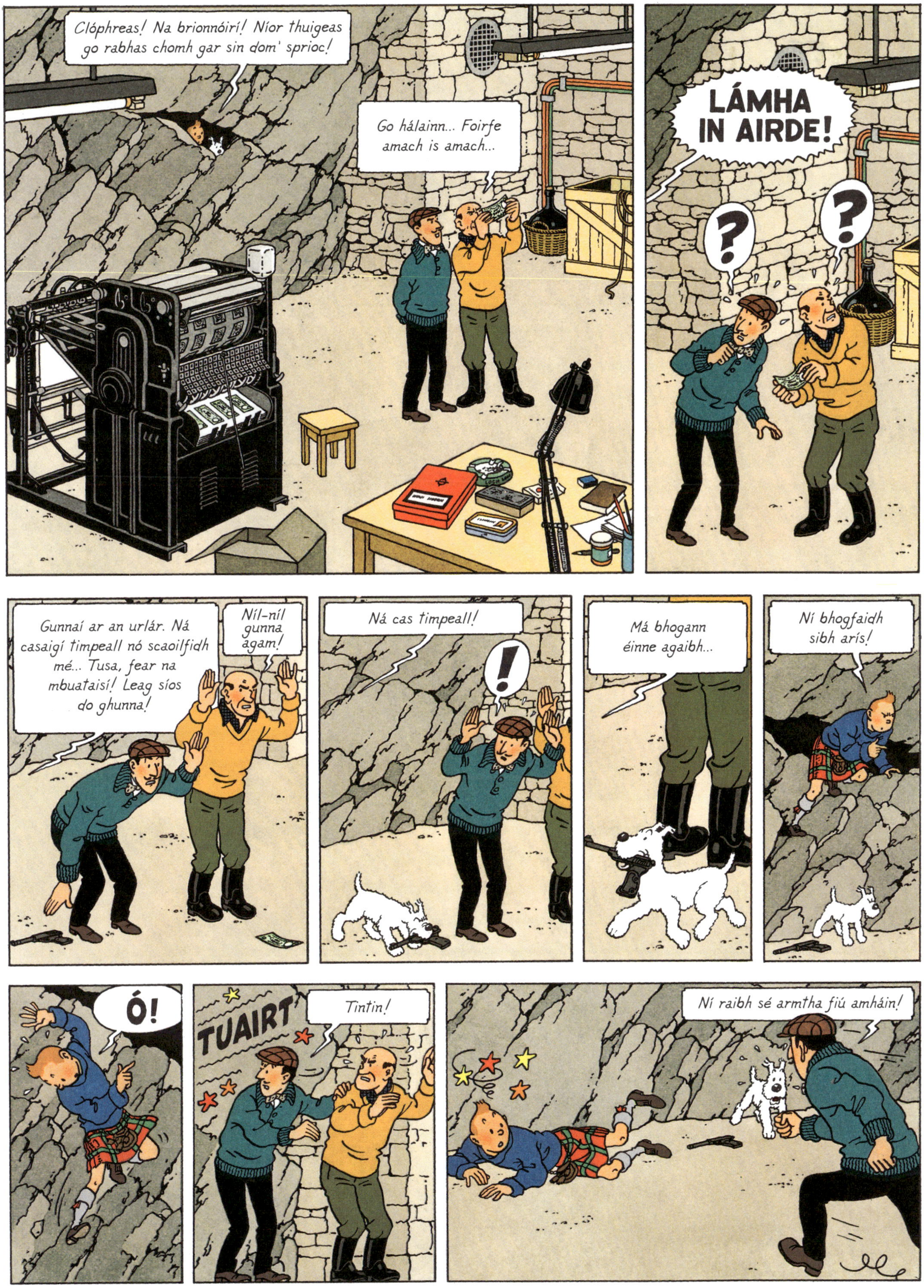
Clóphreas! Na brionnóirí! Níor thuigeas go rabhas chomh gar sin dom' sprioc!
Go hálainn... Foirfe amach is amach...
LÁMHA IN AIRDE!
?
?
Gunnaí ar an urlár. Ná casaigí timpeall nó scaoilfidh mé... Tusa, fear na mbuataisí! Leag síos do ghunna!
Níl-níl gunna agam!
Ná cas timpeall!
!
Má bhogann éinne agaibh...
Ní bhogfaidh sibh arís!
Ó!
TUAIRT
Tintin!
Ní raibh sé armtha fiú amháin!

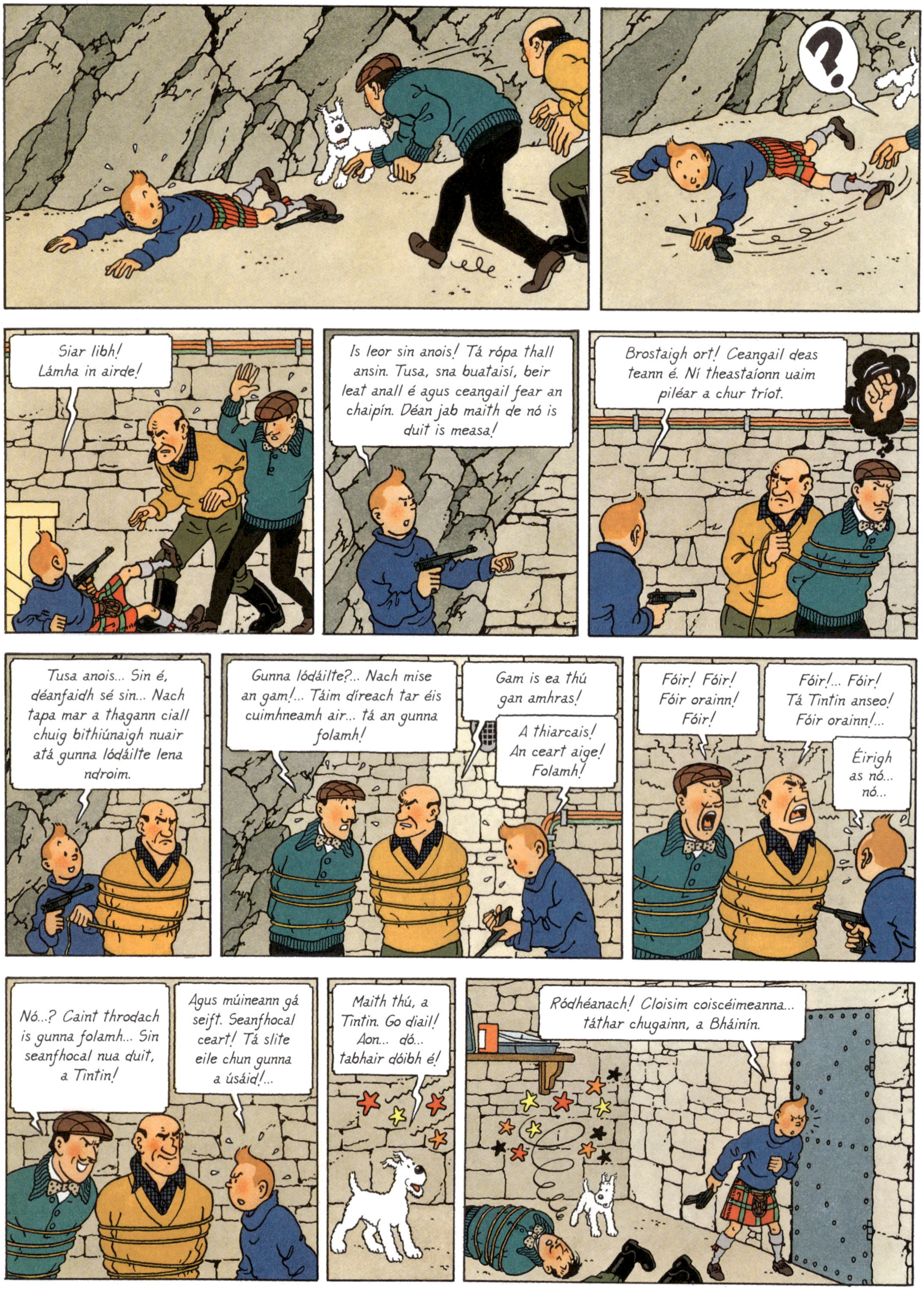
?
Siar libh! Lámha in airde!
Is leor sin anois! Tá rópa thall ansin. Tusa, sna buataisí, beir leat anall é agus ceangail fear an chaipín. Déan jab maith de nó is duit is measa!
Brostaigh ort! Ceangail deas teann é. Ní theastaíonn uaim piléar a chur tríot.
Tusa anois... Sin é, déanfaidh sé sin... Nach tapa mar a thagann ciall chuig bithiúnaigh nuair atá gunna lódáilte lena ndroim.
Gunna lódáilte?... Nach mise an gam!... Táim díreach tar éis cuimhneamh air... tá an gunna folamh!
Gam is ea thú gan amhras!
A thiarcais! An ceart aige! Folamh!
Fóir! Fóir! Fóir orainn! Fóir!
Fóir!... Fóir! Tá Tintin anseo! Fóir orainn!...
Éirigh as nó... nó...
Nó...? Caint throdach is gunna folamh... Sin seanfhocal nua duit, a Tintin!
Agus múineann gá seift. Seanfhocal ceart! Tá slite eile chun gunna a úsáid!...
Maith thú, a Tintin. Go diail! Aon... dó... tabhair dóibh é!
Ródhéanach! Cloisim coiscéimeanna... táthar chugainn, a Bháinín.

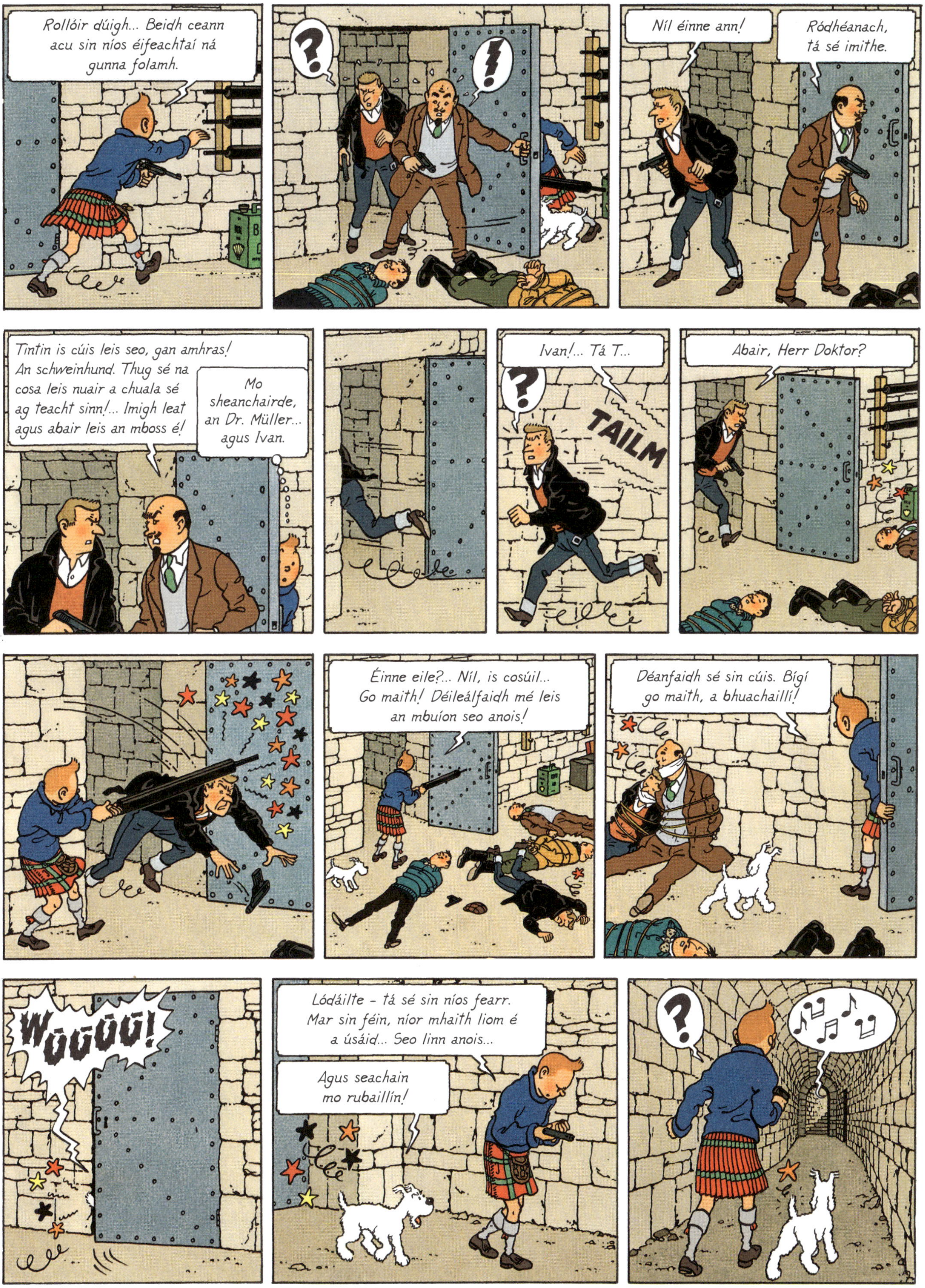
Rollóir dúigh... Beidh ceann acu sin níos éifeachtaí ná gunna folamh.
?
!
Níl éinne ann!
Ródhéanach, tá sé imithe.
Tintin is cúis leis seo, gan amhras! An schweinhund. Thug sé na cosa leis nuair a chuala sé ag teacht sinn!... Imigh leat agus abair leis an mboss é!
Mo sheanchairde, an Dr. Müller... agus Ivan.
Ivan!... Tá T...
?
TAILM
Abair, Herr Doktor?
Éinne eile?... Níl, is cosúil... Go maith! Déileálfaidh mé leis an mbuíon seo anois!
Déanfaidh sé sin cúis. Bígí go maith, a bhuachaillí!
WÚGÚÚG!
Lódáilte - tá sé sin níos fearr. Mar sin féin, níor mhaith liom é a úsáid... Seo linn anois...
Agus seachain mo rubaillín!
?

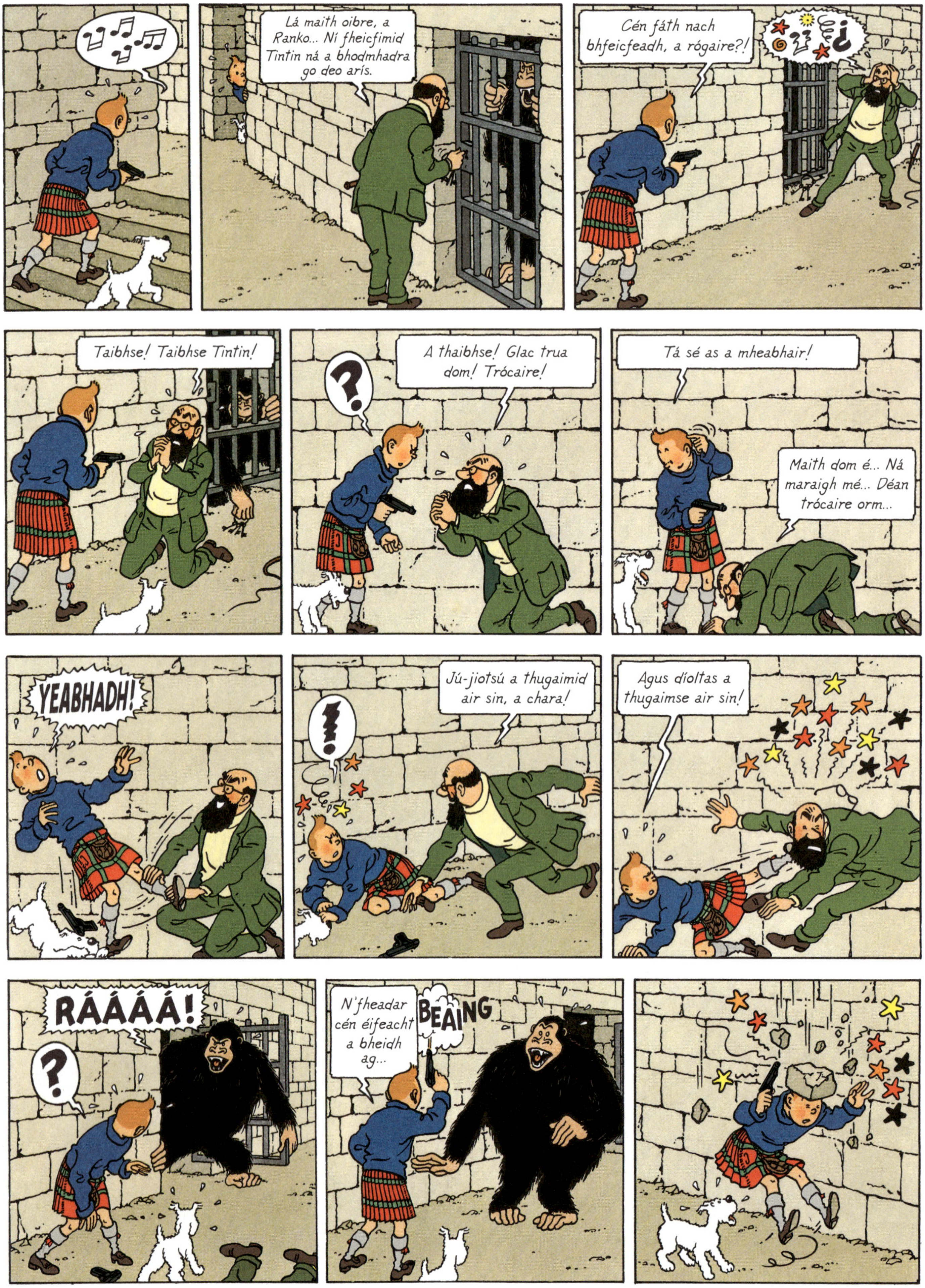
Lá maith oibre, a Ranko... Ní fheicfimid Tintin ná a bhodmhadra go deo arís.
Cén fáth nach bhfeicfeadh, a rógaire?!
Taibhse! Taibhse Tintin!
A thaibhse! Glac trua dom! Trócaire!
Tá sé as a mheabhair!
Maith dom é... Ná maraigh mé... Déan trócaire orm...
YEABHADH!
Jú-jiotsú a thugaimid air sin, a chara!
Agus díoltas a thugaimse air sin!
RÁÁÁÁ!
N'fheadar cén éifeacht a bheidh ag...
BEAING

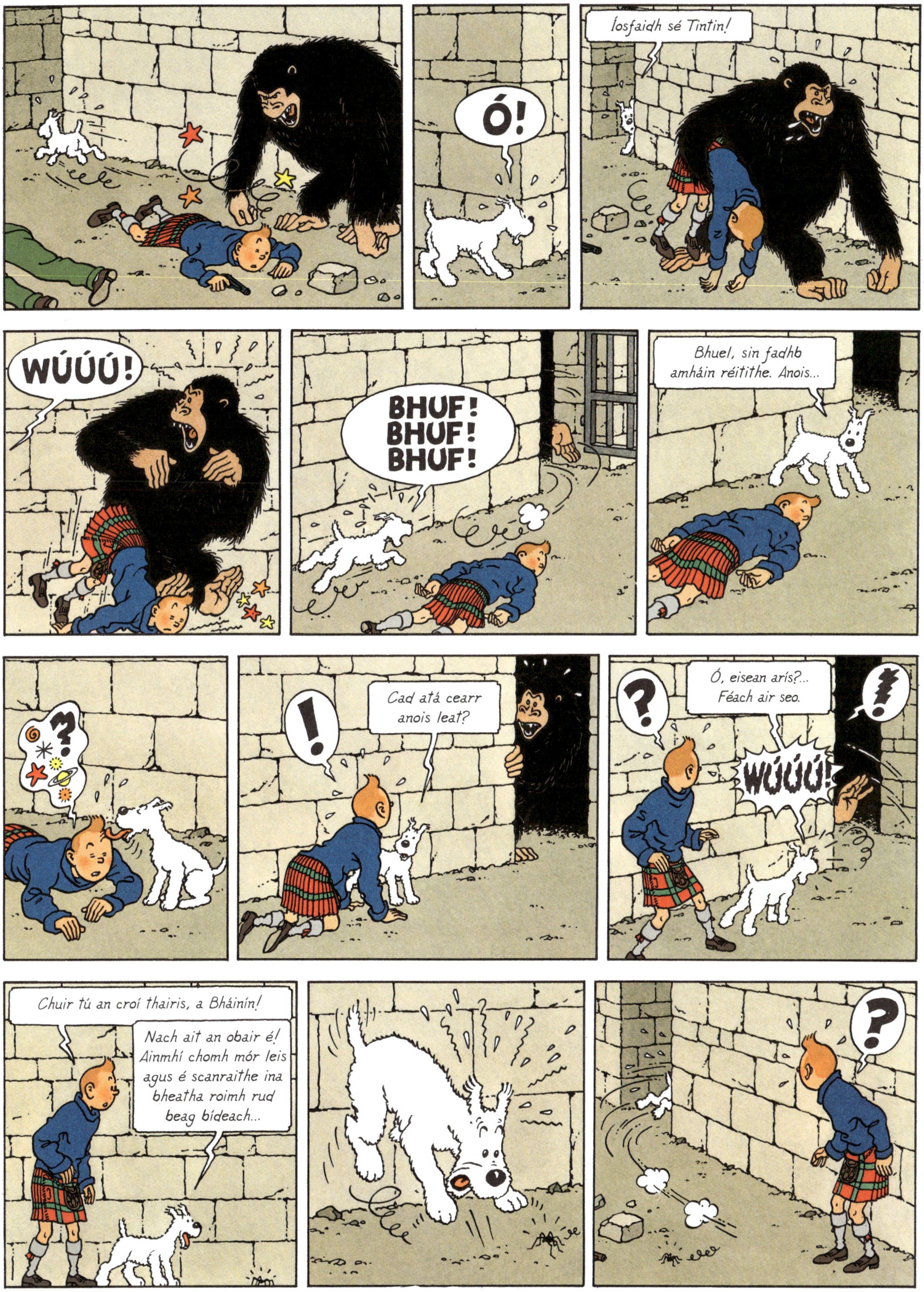
Ó!
Íosfaidh sé Tintin!
WÚÚÚ!
BHUF! BHUF! BHUF!
Bhuel, sin fadhb amháin réitithe. Anois...
Cad atá cearr anois leat?
Ó, eisean arís?... Féach air seo.
WÚÚÚ!
Chuir tú an croí thairis, a Bháinín!
Nach ait an obair é! Ainmhí chomh mór leis agus é scanraithe ina bheatha roimh rud beag bídeach...

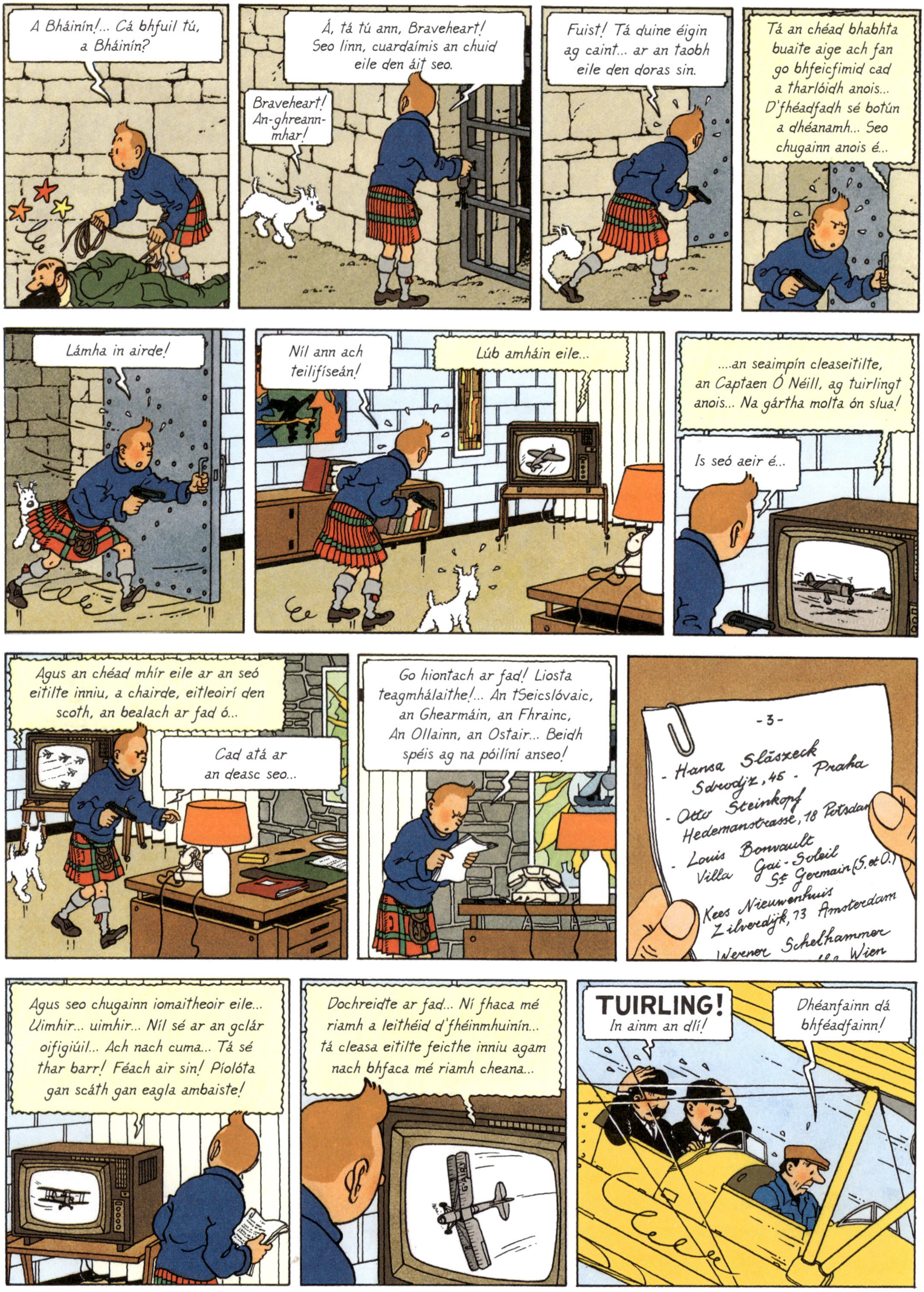

A Bháinín!... Cá bhfuil tú, a Bháinín?
Á, tá tú ann, Braveheart! Seo linn, cuardaímis an chuid eile den áit seo.
Braveheart! An-ghreann-mhar!
Fuist! Tá duine éigin ag caint... ar an taobh eile den doras sin.
Tá an chéad bhabhta buaite aige ach fan go bhfeicfimid cad a tharlóidh anois... D'fhéadfadh sé botún a dhéanamh... Seo chugainn anois é...
Lámha in airde!
Níl ann ach teilifíseán!
Lúb amháin eile...
....an seaimpín cleaseitilte, an Captaen Ó Néill, ag tuirlingt anois... Na gártha molta ón slua!
Is seó aeir é...
Agus an chéad mhír eile ar an seó eitilte inniu, a chairde, eitleoirí den scoth, an bealach ar fad ó...
Cad atá ar an deasc seo...
Go hiontach ar fad! Liosta teagmhálaithe!... An tSeicslóvaic, an Ghearmáin, an Fhrainc, An Ollainn, an Ostair... Beidh spéis ag na póilíní anseo!
- 3 -
- Hansa Slászeck Sdrodjz, 45 - Praha
- Otto Steinkopf Hedemanstrasse, 18 Potsdam
- Louis Bonvault Villa Gai-Soleil St Germain (S. et O.)
Kees Nieuwenhuis Zilverdijk, 73 Amsterdam
Werner Schelhammer ... Wien
Agus seo chugainn iomaitheoir eile... Uimhir... uimhir... Níl sé ar an gclár oifigiúil... Ach nach cuma... Tá sé thar barr! Féach air sin! Píolóta gan scáth gan eagla ambaiste!
Dochreidte ar fad... Ní fhaca mé riamh a leithéid d'fhéinmhuinín... tá cleasa eitilte feicthe inniu agam nach bhfaca mé riamh cheana...
TUIRLING! In ainm an dlí!
Dhéanfainn dá bhféadfainn!

Síos leis an eitleán mar sheabhac is in airde arís léi mar fhuiseog... thar a bhfaca tú riamh!...

Stop! Teastaíonn uainn tuirlingt, an gcloiseann tú?

Síos arís... lúb eile gan cháim ansin... Dar mo mhionn! Duine de na paisinéirí tar éis titim amach... Dia ár sábháil!

A leithéid de chleas! Bhíos cinnte go raibh deireadh leis!

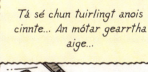

Tá sé chun tuirlingt anois cinnte... An mótar gearrtha aige...

Talamh slán!... preabann aníos...

...lúb scáfar amháin eile agus seo thíos i lár an ghoirt é...

Bua iontach! Na moltóirí ar aon aigne... Comhghairdeas libh go léir!

55

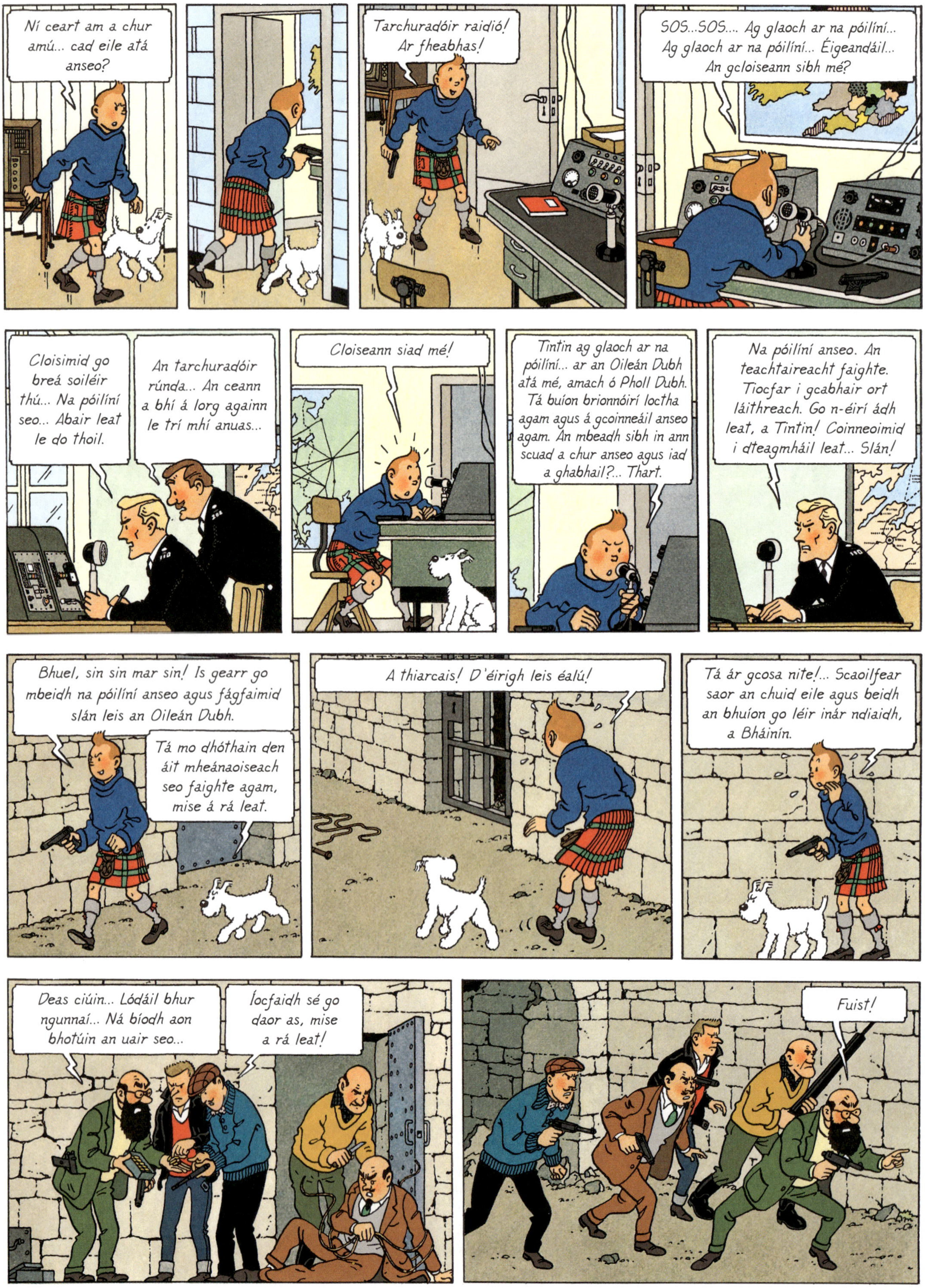

Ní ceart am a chur amú... cad eile atá anseo?
Tarchuradóir raidió! Ar fheabhas!
SOS...SOS.... Ag glaoch ar na póilíní... Ag glaoch ar na póilíní... Éigeandáil... An gcloiseann sibh mé?
Cloisimid go breá soiléir thú... Na póilíní seo... Abair leat le do thoil.
An tarchuradóir rúnda... An ceann a bhí á lorg againn le trí mhí anuas...
Cloiseann siad mé!
Tintin ag glaoch ar na póilíní... ar an Oileán Dubh atá mé, amach ó Pholl Dubh. Tá buíon brionnóirí loctha agam agus á gcoinneáil anseo agam. An mbeadh sibh in ann scuad a chur anseo agus iad a ghabhail?... Thart.
Na póilíní anseo. An teachtaireacht faighte. Tiocfar i gcabhair ort láithreach. Go n-éirí ádh leat, a Tintin! Coinneoimid i dteagmháil leat... Slán!
Bhuel, sin sin mar sin! Is gearr go mbeidh na póilíní anseo agus fágfaimid slán leis an Oileán Dubh.
Tá mo dhóthain den áit mheánaoiseach seo faighte agam, mise á rá leat.
A thiarcais! D'éirigh leis éalú!
Tá ár gcosa nite!... Scaoilfear saor an chuid eile agus beidh an bhuíon go léir inár ndiaidh, a Bháinín.
Deas ciúin... Lódáil bhur ngunnaí... Ná bíodh aon bhotúin an uair seo...
Íocfaidh sé go daor as, mise a rá leat!
Fuist!

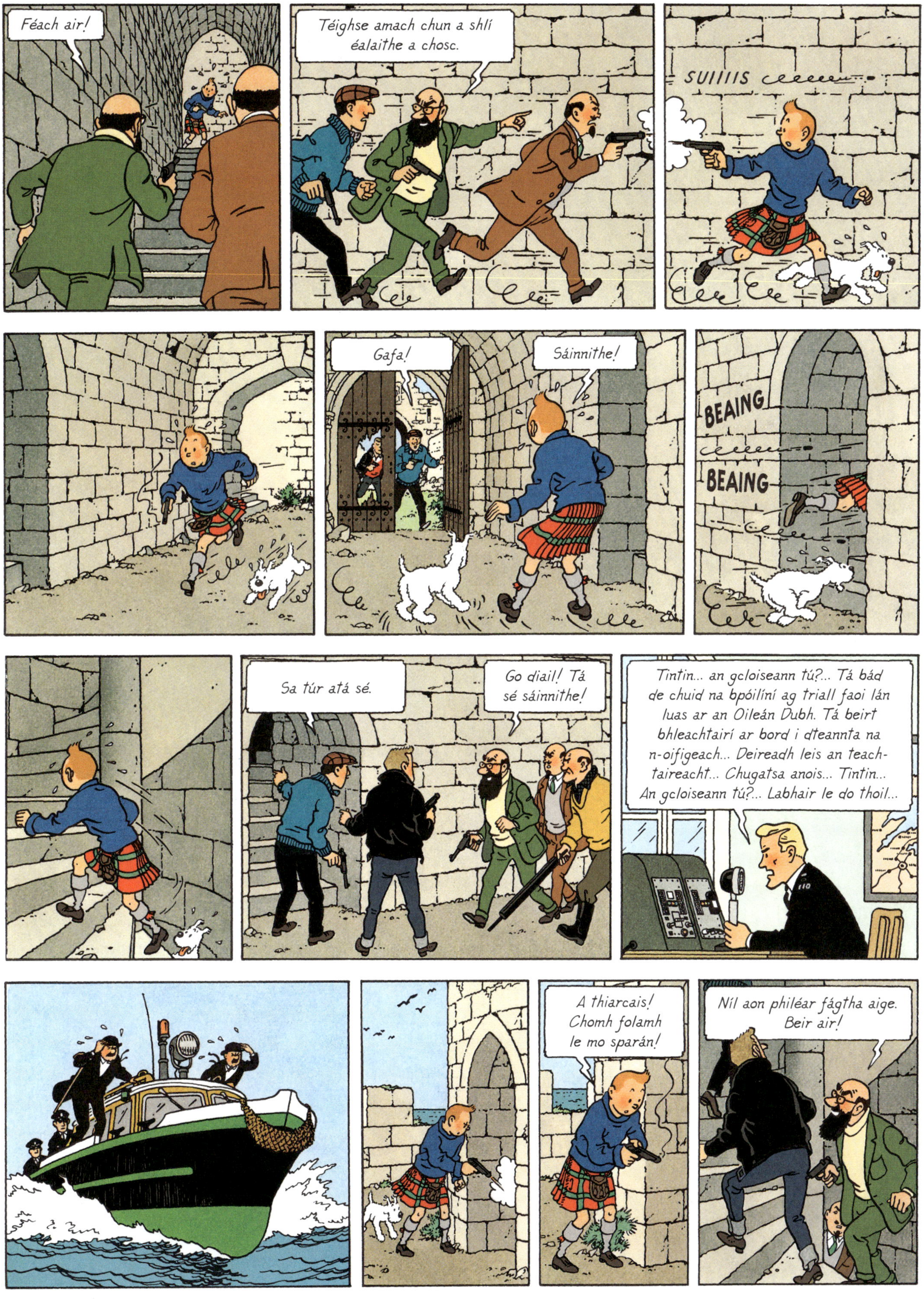
Féach air!
Téighse amach chun a shlí éalaithe a chosc.
SUIIIIS
Gafa!
Sáinnithe!
BEAING
BEAING
Sa túr atá sé.
Go diail! Tá sé sáinnithe!
Tintin... an gcloiseann tú?... Tá bád de chuid na bpóilíní ag triall faoi lán luas ar an Oileán Dubh. Tá beirt bhleachtairí ar bord i dteannta na n-oifigeach... Deireadh leis an teachtaireacht... Chugatsa anois... Tintin... An gcloiseann tú?... Labhair le do thoil...
A thiarcais! Chomh folamh le mo sparán!
Níl aon philéar fágtha aige. Beir air!

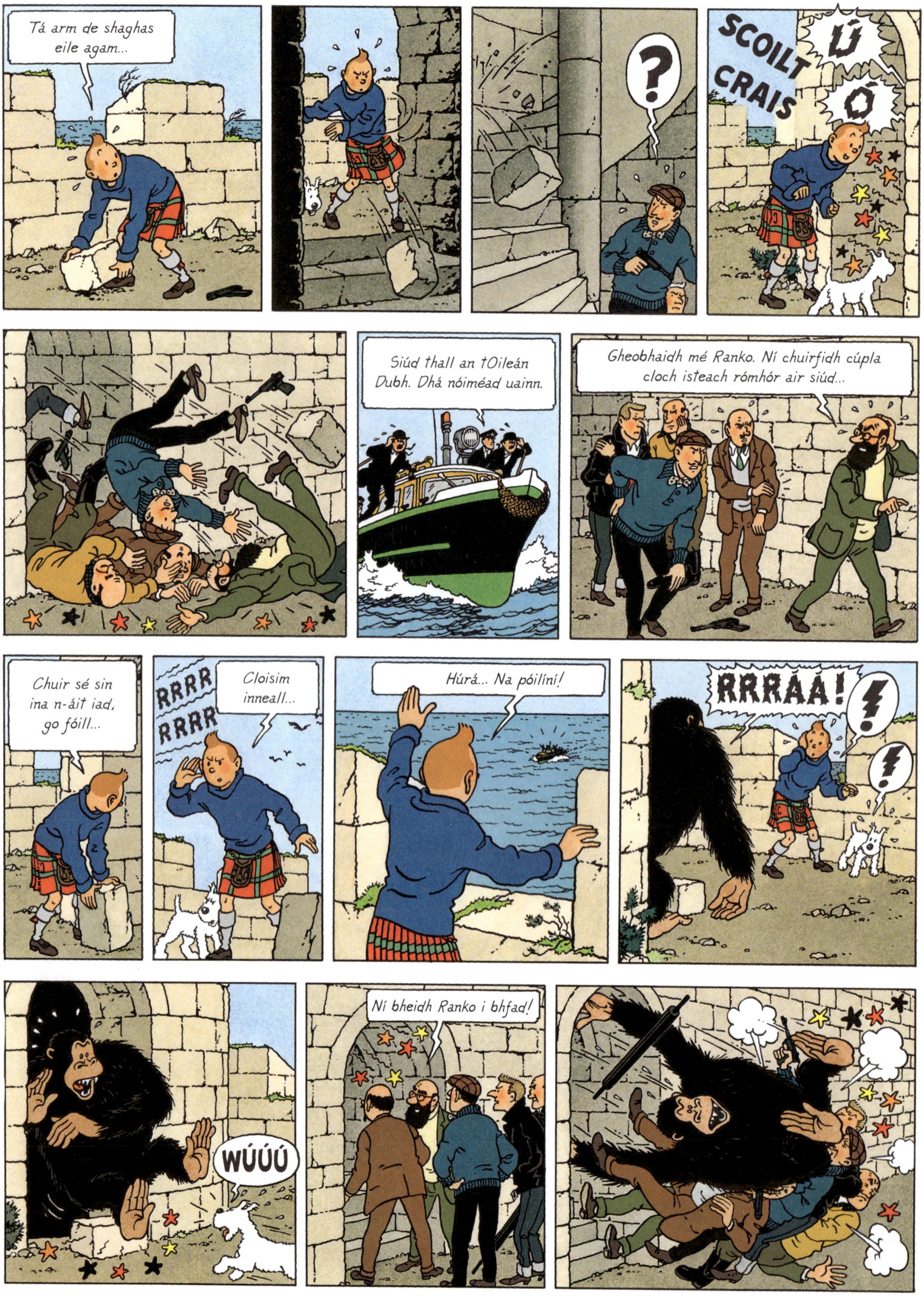
Tá arm de shaghas eile agam...
?
SCOILT
CRAIS
Ú
Ó
Siúd thall an tOileán Dubh. Dhá nóiméad uainn.
Gheobhaidh mé Ranko. Ní chuirfidh cúpla cloch isteach rómhór air siúd...
Chuir sé sin ina n-áit iad, go fóill...
RRRR
RRRR
Cloisim inneall...
Húrá... Na póilíní!
RRRÁA!
!
!
WÚÚÚ
Ní bheidh Ranko i bhfad!

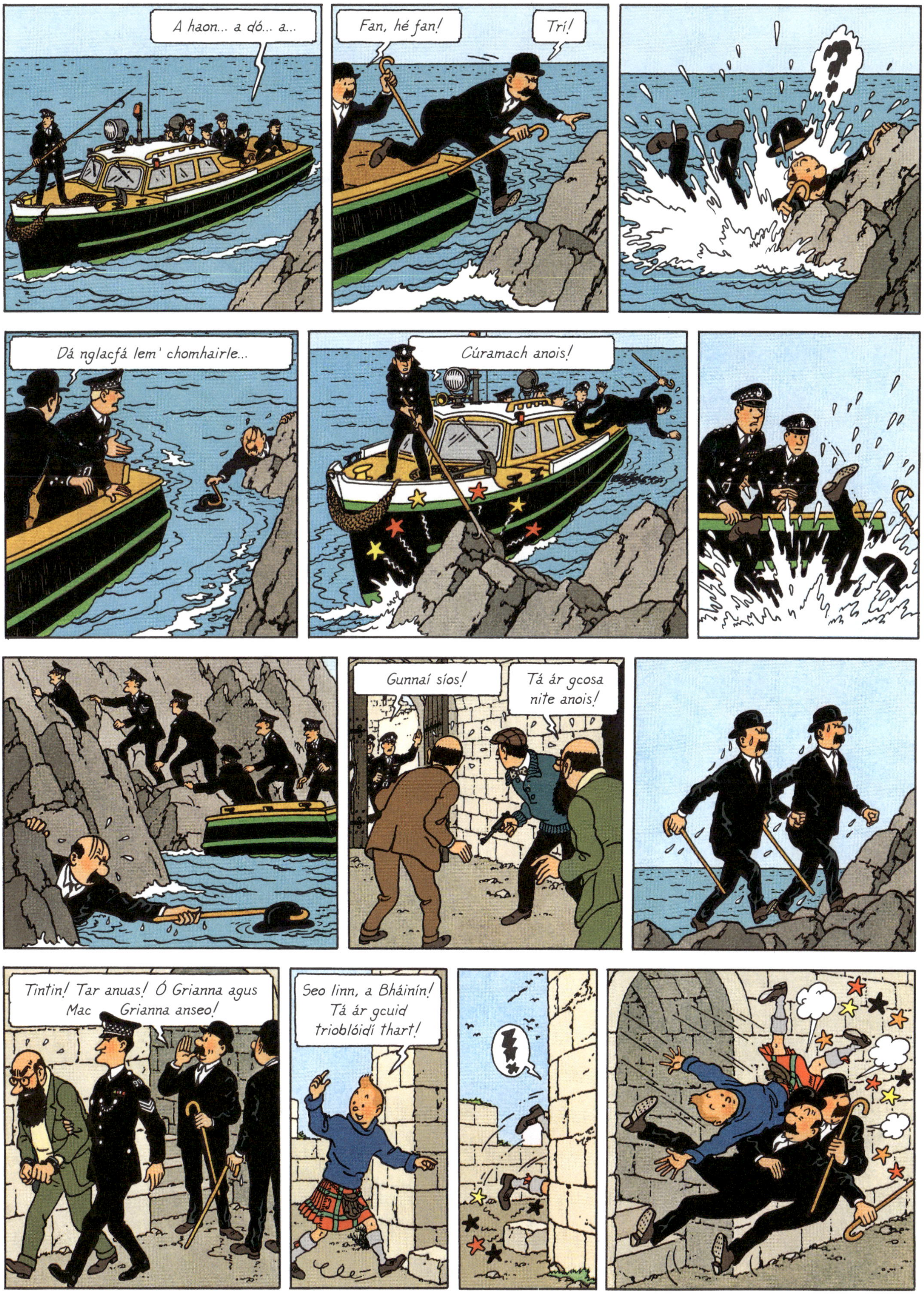
A haon... a dó... a...
Fan, hé fan!
Trí!
Dá nglacfá lem' chomhairle...
Cúramach anois!
Gunnaí síos!
Tá ár gcosa nite anois!
Tintin! Tar anuas! Ó Grianna agus Mac Grianna anseo!
Seo linn, a Bháinín! Tá ár gcuid trioblóidí thart!

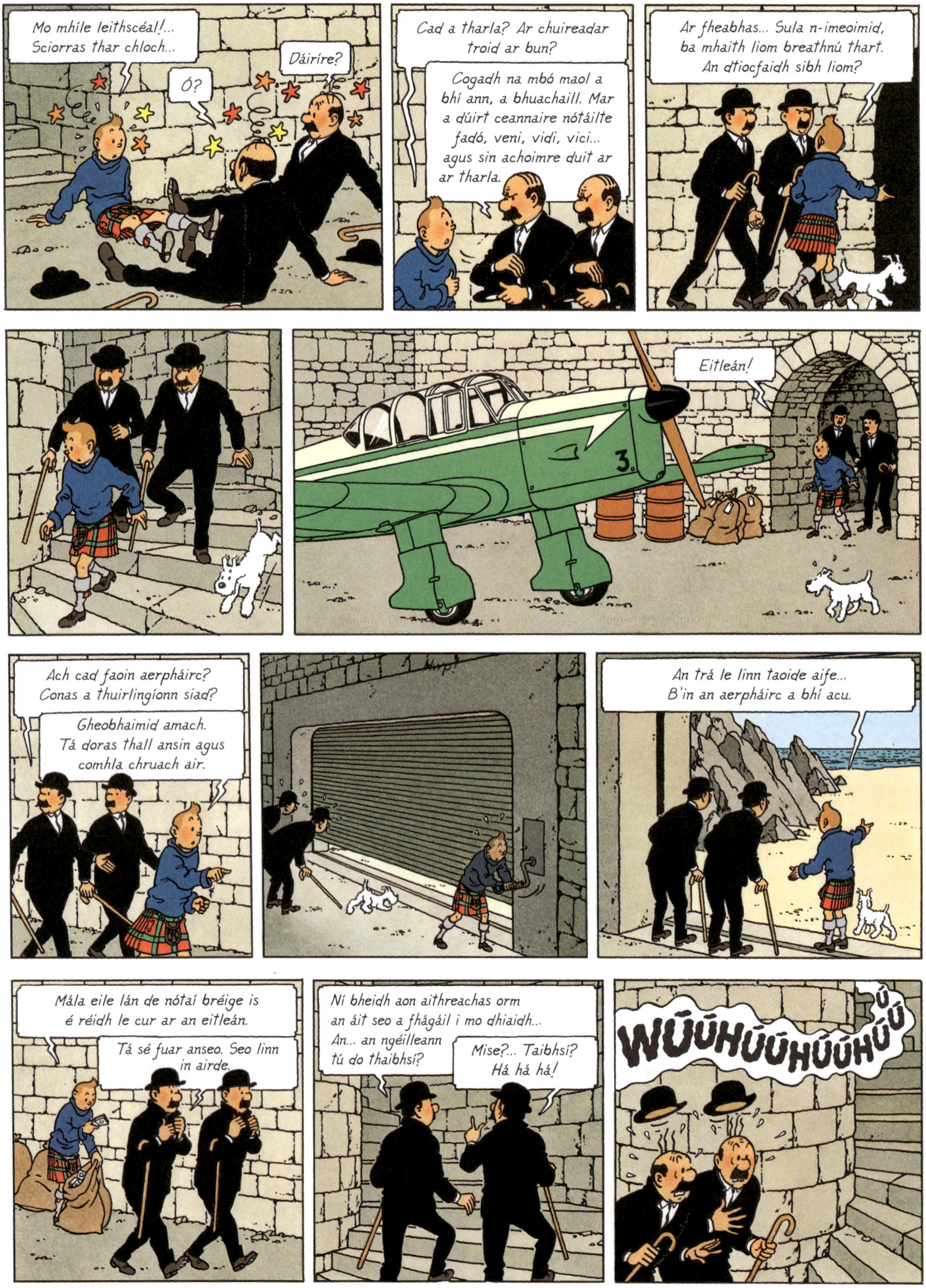
Mo mhíle leithscéal!... Sciorras thar chloch...
Ó?
Dáiríre?
Cad a tharla? Ar chuireadar troid ar bun?
Cogadh na mbó maol a bhí ann, a bhuachaill. Mar a dúirt ceannaire nótáilte fadó, veni, vidi, vici... agus sin achoimre duit ar ar tharla.
Ar fheabhas... Sula n-imeoimid, ba mhaith liom breathnú thart. An dtiocfaidh sibh liom?
Eitleán!
3
Ach cad faoin aerpháirc? Conas a thuirlingíonn siad?
Gheobhaimid amach. Tá doras thall ansin agus comhla chruach air.
An trá le linn taoide aife... B'in an aerpháirc a bhí acu.
Mála eile lán de nótaí bréige is é réidh le cur ar an eitleán.
Tá sé fuar anseo. Seo linn in airde.
Ní bheidh aon aithreachas orm an áit seo a fhágáil i mo dhiaidh... An... an ngéilleann tú do thaibhsí?
Mise?... Taibhsí? Há há há!
WÚÚHÚÚHÚÚHÚÚ

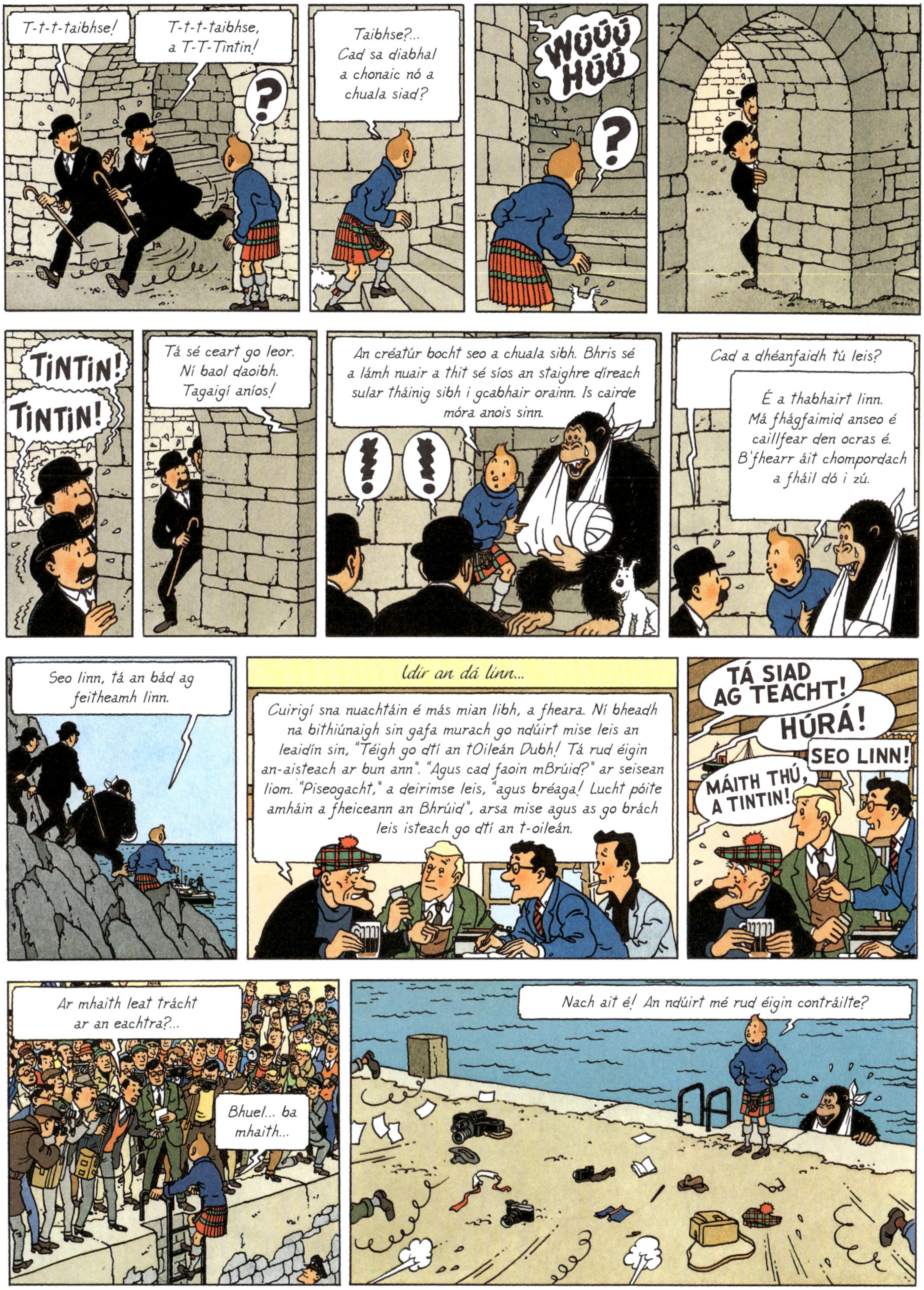
T-t-t-taibhse!
T-t-t-taibhse, a T-T-Tintin!
?
Taibhse?... Cad sa diabhal a chonaic nó a chuala siad?
WÚÚÚ HÚÚ
?
TINTIN!
TINTIN!
Tá sé ceart go leor. Ní baol daoibh. Tagaigí aníos!
An créatúr bocht seo a chuala sibh. Bhris sé a lámh nuair a thit sé síos an staighre díreach sular tháinig sibh i gcabhair orainn. Is cairde móra anois sinn.
Cad a dhéanfaidh tú leis?
É a thabhairt linn. Má fhágfaimid anseo é caillfear den ocras é. B'fhearr áit chompordach a fháil dó i zú.
Seo linn, tá an bád ag feitheamh linn.
Idir an dá linn...
Cuirigí sna nuachtáin é más mian libh, a fheara. Ní bheadh na bithiúnaigh sin gafa murach go ndúirt mise leis an leaidín sin, "Téigh go dtí an tOileán Dubh! Tá rud éigin an-aisteach ar bun ann". "Agus cad faoin mBrúid?" ar seisean liom. "Piseogacht," a deirimse leis, "agus bréaga! Lucht póite amháin a fheiceann an Bhrúid", arsa mise agus as go brách leis isteach go dtí an t-oileán.
TÁ SIAD AG TEACHT!
HÚRÁ!
SEO LINN!
MÁITH THÚ, A TINTIN!
Ar mhaith leat trácht ar an eachtra?...
Bhuel... ba mhaith...
Nach ait é! An ndúirt mé rud éigin contráilte?

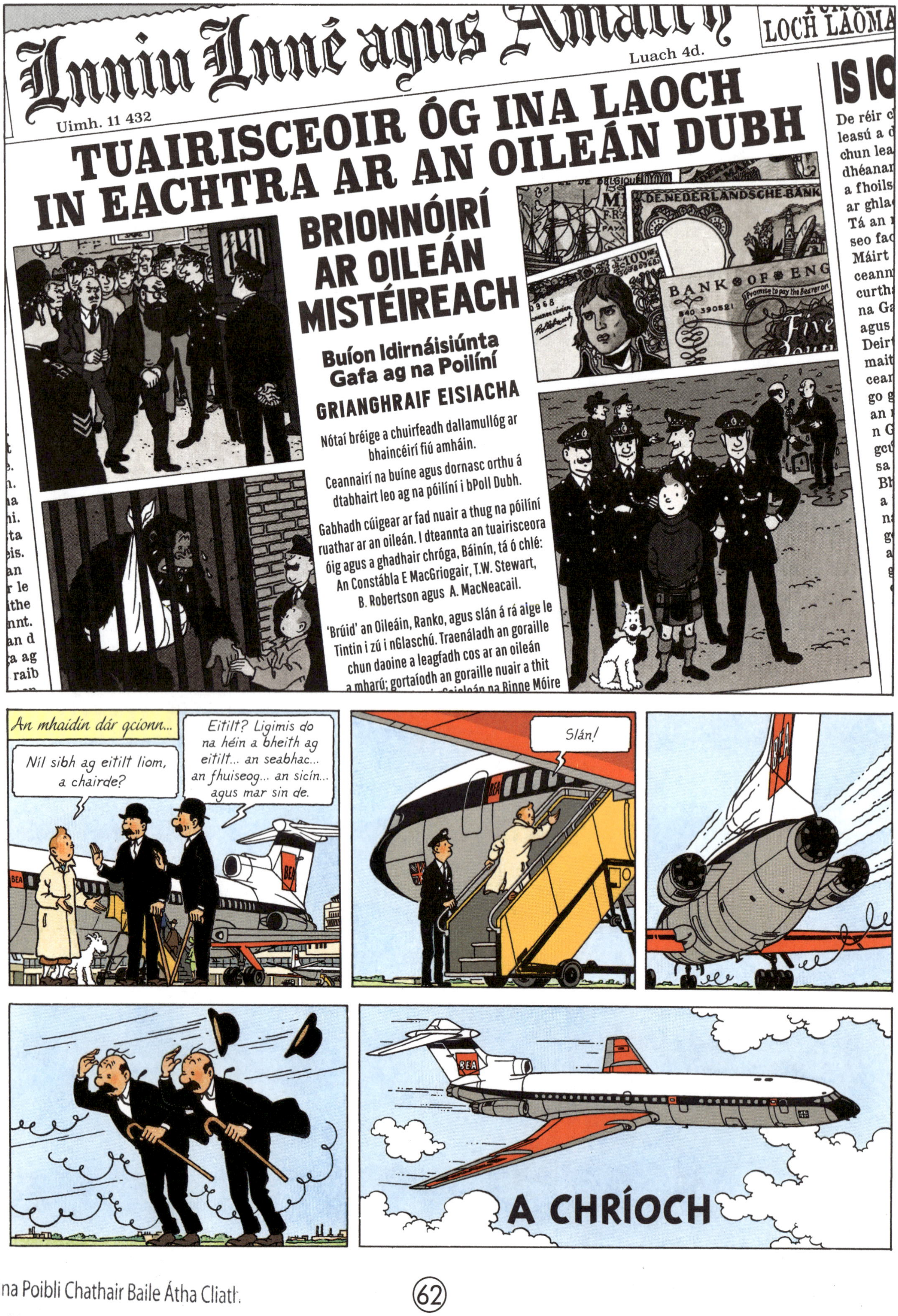
Lnniu Lnné agus Amárach
LOCH LAOMA
Luach 4d.
Uimh. 11 432
TUAIRISCEOIR ÓG INA LAOCH IN EACHTRA AR AN OILEÁN DUBH
BRIONNÓIRÍ AR OILEÁN MISTÉIREACH
Buíon Idirnáisiúnta Gafa ag na Poilíní
GRIANGHRAIF EISIACHA
Nótaí bréige a chuirfeadh dallamullóg ar bhaincéirí fiú amháin.
Ceannairí na buíne agus dornasc orthu á dtabhairt leo ag na póilíní i bPoll Dubh.
Gabhadh cúigear ar fad nuair a thug na póilíní ruathar ar an oileán. I dteannta an tuairisceora óig agus a ghadhair chróga, Báinín, tá ó chlé: An Constábla E MacGriogair, T.W. Stewart, B. Robertson agus A. MacNeacail.
'Brúid' an Oileáin, Ranko, agus slán á rá aige le Tintin i zú i nGlaschú. Traenáladh an goraille chun daoine a leagfadh cos ar an oileán a mharú; gortaíodh an goraille nuair a thit
IS IO
De réir c
leasú a d
chun lea
dhéanar
a fhoils
ar ghla
Tá an
seo fac
Máirt
ceann
curtha
na G
agus
Deir
mait
cean
go g
an
n G
geu
sa
Bh
BANK OF ENG
DE NEDERLANDSCHE BANK
An mhaidin dár gcionn...
Níl sibh ag eitilt liom, a chairde?
Eitilt? Ligimis do na héin a bheith ag eitilt... an seabhac... an fhuiseog... an sicín... agus mar sin de.
Slán!
BEA
A CHRÍOCH